Viel Spaß!

Hildegard Bachmann

3.3.07

Hildegard Bachmann

Dämmerstindche

Geschichten und Gedichte in rheinhessischer Mundart

Überarbeitete Neuausgabe

LEINPFAD
VERLAG

Impressum:

3. Auflage als überarbeitete Neuausgabe des Leinpfad-Verlages Dezember 2002

1. und 2. Auflage im Selbstverlag Hildegard Bachmann 1992 und 1996

Umschlag: kosa-design, Ingelheim

Zeichnungen: Gabriele Sinsel, Mainz

Fotos: Hildegard Bachmann, Mainz

Satz: Leinpfad-Verlag, Ingelheim

Druck: Druckerei Wolf, Ingelheim

Leinpfad-Verlag, Leinpfad 5, 55218 Ingelheim,

Tel. 06132/8369, Fax: 896951

www.leinpfad-verlag.de

ISBN 3-9808383-5-8

Inhalt

Vorwort

Hildegard Bachmann ist mir bei einer öffentlichen Lesung auf dem Mainzer Johannisfest zum ersten Mal begegnet. Sie nahm an einer Mundart-Lesung teil und fiel mir durch ihre spontane und ungekünstelte Art auf. Fast schüchtern hatte sie dem Publikum ihre erdigen Verse und ihre gemütvolle Prosa vorgetragen.
Das Echo war ungewöhnlich herzlich, denn die Autorin aus der ländlichen Vorstadt trifft immer den volkstümlichen Nerv und versteht ihre Erlebniswelt mit anderen Menschen zu teilen, und den rasenden Zug der Zeit für Augenblicke mit Erinnerungen aufzuhalten.
Wiedererleben für die Alten, Neuerleben für die Jungen, Erhalt der Heimatsprache!

Almuth Ullerich

Du bist mer so vertraut

Du bist mer so vertraut,
ich kenn all doi Gasse, doi Ecke, doi Winkel,
du begleitest mich schun fast moi gonz Lebe long.
Bei dir fiehl ich mich dehaam.
Du bist net so schee, 's gibt scheenere, gonz gewiss,
abber du bist moi Heimat, un wonn ich in de Ferne weile,
donn genieß ich dess Neie, kennt's abber net so genieße,
wonn ich wisst, ich derft net mehr zu dir serick.

Ich mecht so gern

Ich mecht noch omol als Kind dorch Draaser Gasse springe,
ich mecht uff em Plätzje omol noch unbefonge, lauthals singe.
Ich det so gern noch mol bei de Fraa Sohn oikaafe -
mein Gott, wie schnell nur is die Zeit mer fortgelaafe!

On Fastnacht det ich gern noch mol maskiert bei's Fischers sitze,
e Gläsje Limo trinke un vor Freid fast schwitze,
un det moi Geld noch longe, det ich mer Salzstängelcher kaafe -
mein Gott, wie schnell is mer die Zeit nur fortgelaafe!

Ich mecht so gern noch mol in die Draaser Schul noi gehe,
ich det so gern noch mol es Landuas alt Schmied ohsehe,
bei's Ferchers det ich gern noch mol fer die Mudder Gässje kaafe -
mein Gott, was is die Zeit so schnell mer fortgelaafe!

Ich det so gern noch mol rund um die Kerch rum tolle,
und det de Baumanns Paul mer desweche aach grolle,
ich det so gern noch mol uff Landuas Mauer laafe -
mein Gott, was is die Zeit mer so schnell fortgelaafe!

Un de Gemeindediener sollt soi Schell noch mol schwinge,
un de gemischte Chor sollt aach noch mol singe,
de Bäcker Berch sollt noch mol soi Bredcher verkaafe -
mein Gott, wie schnell is mer die Zeit nur fortgelaafe!

De Lehrer Renkel sollt uns als noch mol besuche,
un aach de Hach sollt noch mol lauthals fluche,
de Schitz sollt noch mol dorch die Draaser Felder gehe -
mein Gott, wie schnell dut doch die Zeit in Draas vergehe!

De Vadder sollt noch mol beim Gerhards Heine schaffe,
un ich det gern noch mol beim alte Dreschplatz gaffe.
Un all, die gonge, die det ich so gern noch mol sehe -
jedoch die Zeit, die konn merr niemols mehr serick drehe.

Dachworzele

Dachworzele wachse net nur uff em Dach, naa, aach on alte Mauern. Odder vielmehr: sinn net nur uff em Dach, sondern aach on alte Mauern gewachse. Als ich e Kind war, do habbe Dachworzele dezu geheert. Egal wo se gewachse sinn, sie habbe e Dach odder e Mauer lebendich wern losse. Mer hot se dro wachse losse, sie habbe niemond gesteert un niemond hot sich on dene gesteert. Gut habbe se sich vermehrt, vielleicht warn se als emol lästich, aber sie warn do un habbe uff e Dach odder e Mauer geheert.

Die alt Mauer um' s Altersheim erum, un die Mauer, die um's Landuas ihrm Gaade gestonne hot, die warn ibbersät devun. Sie warn ebbes gonz Normales, eigentlich ebbes was merr net in Erinnerung behält und trotzdem hab ich se net vergesse.

Letzt uff em Spaziergong do bin ich om Altersheim vorbei und hab mir die alt Mauer widder mol genau betracht. Abber was war noch geblibbe? Mer hot se hergericht. Die Fuge sinn mit Beton geschlosse, es Lebe verdribbe, e paar Bischel Gras, vun Dachworzele ko Spur.

Gleichmäßich is se, sauber, grad, kalt. Eidechse habbe frieher in de Fuge und Ritze in de Sunn gespielt, habbe sich blitzschnell weiterbewecht, wonn se Gefahr gespiert habbe. Im Summer war die Mauer gonz warm, sie hat die Sunn getonkt. Es war e Wärm, die merr net beschreibe konn. Un immer is irgendwo de alte Mörtel aus de Mauerritze gefalle un hot uff em Wech gelehe. Mit de kloone Finger habbe mer als noch e bissje noochgeholfe. Niemand hot do gesaat, loss dess, dess derfste net! Es hot kooner interessiert. Heit interessiert merr sich fer alles. Ibberall meent merr, misst merr was dezu saache, un jeder meent, jeder wollt em onnern was. Die Gelassenheit, die zu moiner Kindheit noch gonz normal war, is Ibberempfindlichkeit gewische. Ich trauer de alt Zeit, de alt Mauer, de domoliche Gelassenheit un de Dachworzele nooch. Vergesse du ich se nie, schließ die Erinnerung fest in moi Herz oi, un monchmol, bei de richdisch Gelechenheit, do erzähl ich moine Kinner, Freunde und Bekonnte devun.

Jedesmol, wonn ich morjens dusche, un es Wasser mir so schee warm aus de Dusch entgeche kimmt, un ich mich so richdisch wohl un behaglich fiehl, do fällt mer immer moi Kindheit oi. Was wärn mir so froh gewese, wonn mer den Luxus domols gehabt hätte. Zu moiner Kinnerzeit, als ich grad elf war, do war dusche sowieso net modern, weil 's do jo gar ko Dusche gab, jedenfalls net bei de normale Leit.

Im Schwimmbad in Meenz, do hab ich die erste Erfahrunge mit ner Dusch gemacht. Bei uns deham musste mir uns jeden Morje mim Wäschlappe grindlich abwäsche. Es Wasser is direkt aus em Wasserhahn ibber de Wäschlappe geflosse un es war immer kalt. Im Summer ging 's jo. Abber im Winter, do war dess Wasser eiskalt. Un im Winter, do war net nur es Wasser eiskalt, naa, do war aach die gonz Kich eiskalt.

Die Mudder is als Erste morjens uffgestiehe un hot Feier ohgemacht. Un bis dess gebrennt hot un bis die Kich einigermaßen warm war, war 's schun Zeit fer in die Schul se gehe. Im Winter war om es Wäsche gradzu lästich, un mer hot do meist nur dinn dribber gemacht, naddierlich nur wonn 's die Mudder net gesehe hot.

Un vun weche morjens in die Kich gehe un die Kaffeemaschin mit Kaffee un Wasser uffille un ohschließend uff 's Kneppche dricke un ofach dorchlaafe losse, dess gab 's domols schun gar net. Wonn 's Feier gebrennt hot, hot die Mudder de Wasserkessel uff de Ofe gestellt. Zuerst sinn noch die Ring vun de Herdplatt abgehobe worn, damit merr de Kessel direkt uff dess offene Feier stelle konnt un es Wasser schneller gekocht hot.

Ich seh alles noch genau vor mir. Die Mudder im Morjemondel, noch mied un verschloofe, is on de Schronk un hot die Doos mim Bohnekaffee eraus geholt. Ohschließend hot se die gonze Bohne in die Kaffeemiehl obbe enoi geschitt, un donn hat se sich uff en Stuhl gesetzt, die Kaffeemiehl zwische die Knie geklemmt un ohgefonge, de Kaffee se mohle. Dess ging net so leicht. Merr musst schun fest om Griff drehe, damit de Kaffee gut gemohle worn is. Wenn 's Miehlche gonz leicht gonge is, donn hot merr gewusst, aha, jetzt bin ich fertich un hot donn unne in de Kaffeemiehl dess Schublädche mim gemahlene Kaffee rausgezooe. De Kaffee kam net in en Filter mit Filterbabier, dess hot 's domols gar net gebbe. Naa, der wurd direkt in die Kaffeekonn geschitt, e Brise Salz un e Brise Kakao dezu un ohschließend wurd en Scheppleffel kochendes Wasser dribber geschitt. De Kaffeekonnedeckel kam obbe druff un de Kaffee musst jetzt en Aacheblick ziehe. War dess geschehe, kam es restliche Wasser dezu un donn musst de Kaffee

Sinsel 92

noch emol gut ziehe, un merr musst halt waade, bis de Kaffeesatz sich unne uff de Konnebodden gesetzt hat. Des hot e Zeit gedauert.
Donn war 's soweit, er war jetzt gut. Es Kaffeesiebche kam ebei un e Tass un de Kaffee is heiß dompfend dorch 's Sieb in die Tass gelaafe.
Es war altmodisch, abber dess war noch en richdische Kaffee, do hat mer de gonze Mund voll Aroma. Un war de Blutdruck niedrich, ging der eins, zwei, drei in die Heh, un merr is uff den Kaffee munder worn.
Unne uff em Bodden vun de Tass, do war immer noch en Rest vum Kaffeesatz, un wonn merr ziemlich leer gedrunke hat, kam om immer noch e bissje Satz zwische die Zäh un de Kaffeegeschmack is noch e bissje intensiver worn. Bohnekaffee war domols zu moiner Zeit ebbes Besonders un so oft hot 's den bei uns dehaam aach noch net gebbe. Do hat 's halt, bis merr uns den leiste konnte, immer Kathreiner Malz-Kaffee gebbe, Lindes, odder Muckefuck hot merr dezu gesaat. Ehrlich, mir hot der domols aach gut geschmeckt, ich habb en gern getrunke.
Un vun weche zum Friehstick Müsli, Haferflocke odder Worschtebrot, dess gab 's domols gar net. Jeden Morje wurd Schelee odder Marmelad un Margarine uff de Disch gestellt und merr hot soi Marmeladebrot gesse. Die Marmelad war naddierlich selbst gekocht. On Obst hot 's de Draaser jo net gemongelt.
Breedscher gab,s bei uns deham net. Dofer hot 's net gelongt. Odder es gab se sozusaache als Hauptgericht fer obends. Mit gut Budder beschmiert un ner Tass Kakao war dess domols schun e Luxusesse un wie gesaat, es gab 's gonz selten.
Abber wonn ich heit so serick denk, es hot uns nix gefehlt. Mir warn sefridde. Heit kennt ich monchmol verzweifele, wonn ich seh, wie wählerisch moi Kinner sinn. E Scheleebrot, dess esse die gonz selten un Breedscher sinn aach on de Daachesordnung. Nix is mehr fer se ebbes Besonderes. Un wenn 's nix mehr besonderes im Lebe zu entdecke gibt, werd do es Lebe net e bissje fad?

Heit muss sich alles rendiern!
Ob dess sich rendiert?

De Onkel Otto

De Onkel Otto war koon Monn,
eh, eh, dess war e Bambusstong.
Er war domols net sehr beliebt,
weil dodemit hot merr se krieht.

Als rechte Hond vum Lehrer sozusaache,
war er fer monch ohner e Plaache.
Un immer in de erste Stund,
tat er uns all soi Macht als kund.
Er war em Lehrer Schmitz soin Freund,
hot nie e Unnerichtsstund versäumt.

Un wenn die Bube net geheert,
die Unnerichtsstund widder gesteert,
odder kame vun de Bauern Beschwerde,
dass Kerschbäämäst abgerisse werde,
odder dass en Sparchelrempel gar,
vun Kinner ruiniert worn war,
donn war uff jeden Fall gewiss,
de Onkel Otto hot hergemisst.

Er tat soi Pflicht ohne zu frooche,
nie hat en soi Gefiehl betrooche.
Un aach zwaa Hefte om Popo,
hot der gemerkt, gonz ungeloh.
Die habbe de Bobbes zwar geschitzt,
am End jedoch gar nix genitzt.
Da er‘s gemerkt hot, war jo klar,
hot er noch fester druff gehaa.

De Onkel Otto wurd reschpekdiert,
mer hat soi Dasein akzepdiert!
De Fortschritt hot en mitgenumme,
er wird wohl aach net widder kumme,
monchmol bedauer ich dess sehr,
weil er grad heit so wichtich wär.

Denn Achtung, Ricksicht, Reschpekt
vor jedem Tier, jeder Person,
gehört net mehr so zum gute Ton.
Selbstbewusstsoi wird heit gelehrt,
un jeder der sich do dro steert,
is net normal, geht unner, geheert net dezu,
was hätt de Onkel Otto heit viel se du.

Sunneschoi

Ich sunn mich, dös so vor mich hie,
konn vun de Sunn genuch net krieh.
Do pletzlich kimmt e Wolk geflooche,
un hot die Sunn grad uffgesooche.
Wo vorher heller Sunneschoi,
do muss merr jetzt im Kiehle lei,
jedoch net long, do zieht se weiter,
un gleich druff is es widder heiter.
Im Lebe is es ebenso,
mol is mer traurich, emol froh.
Doch hot merr Sunneschoi im Herze,
do konn merr vieles gut verschmerze.

De Tannewald

Mit em Vadder sinn mer frieher immer dorch de Ober-Olmer Wald gelaafe. De Vadder vorne weg, mit große Schritt, denn de Vadder war en große Monn un hat Schuhgröße 47, un mir hinnerher.
Fer uns Kinner war es immer ebbes Besonderes in de Ober-Olmer Wald se gehe, ebbes Geheimnisvolles, Abenteuerliches, ebbes Gruselisches un Gefährliches. Aber die Tatsache sesamme habbe ja dess Waldgehe so unheimlich interessont gemacht.
Jedesmol, wonn mir in de Wald sinn, do sinn mer uff jedenfall in e Stick Wald, dess hat's uns Kinner all ohgedoe, dorch de Tannewald.
Wonn merr die Ponzerstroß entlong in de Wald gelaafe sinn, kam erst die Linkskurv, un zwaahunnert Meter weiter rechts, do stand merr donn vorm Tannewald. Bevor merr do noi is, hot merr gestockt, dief Luft geholt un fer die erste Schritte hot merr irgendwie Mut gebraucht. Net, dass merr Ängst gehabt hätt, naa, es hot om so e ehrfüchtich Gefiehl ibberkumme un während de erste Schritte dorch die Tanne, do war's om halt mulmich.
Dunkel war's un kiehl, e Rausche in de Heh, onnersder wie im normale Wald. Ohdacht hot in de Luft gelehe. Laute Worte odder Worte ibberhaupt warn hier net ohgebrocht, es wurd fast nur geflüstert. Gedämpft die Schritte, de Bodden dick mit Tannenodele beleht. Pilze habbe ibberall gestonne un wonn sich dorch die dicht gewachsene Tanne en Sunnestrahl gestohle hot, war der irgendwie fehl om Platz.
Hot merr uff en Ast getrete, hot 's unheimlich laut geknackt. Merr is erschrocke un sesammegezuckt, hot vorsichtshalber schnell noch em Vadder soine Hond gegriffe un sich dro festgehalle.
Mein Gott, un wonn merr donn Glick hat, do hot noch de Guckuck gerufe. Atemlos hot merr do gestonne, hot geheert, wie er immer soi lautes Guckuck, Guckuck gerufe hot, un es war alles sehr abenteuerlich. Tannegeruch ibberall, es Atme fiel om schwer. Die Vechel habbe gezwischert, alles hot e bissje dumpfer geklunge als normal un merr hot Gänsehaut krieht. Hot de Vadder do noch e Bemerkung falle losse, vun weche em Räuberhauptmann Kunibert, der jo eichentlich in Weisenau, obbe in dem Turm neber de Eisenbahnbrick gewohnt hat, do sinn merr kerzegrad durch de Wald. Vorsichtshalber hot merr schun mol noch vorne geguckt, ob vielleicht de Wald vorne e bissje heller wern det.
Feuchtichkeit hot sich nooch korzer Zeit uff om geleht un wonn's aach drauße 30 Grad warm war, im Tannewald war's immer feucht un kiehl. Modergeruch hot noch dezu beigetraache, dess Abenteuer vollkomme se mache.

Gott sei Dank, jetzt wurd's hell. Schnell hot merr 'm Vadder soi beschützend Hond losgelosse un is die letzte Meter aus em Tannewald rausgerennt, direkt de Sunn in die Arm. Warm war's, abber es hot doch gedauert, bis die Sunn aach bis in's Herz gedrunge war. Es war, als misst merr sich den Tannewald erst vun de Schultern schittele. Erleichterung hot om ibberkumme. Merr hot dief dorchgeatmet un es war, als ob merr em gefährliche Abenteuer entronne wär.

De Vadder war jetzt aach aus em Tannewald rauskumme und merr sinn sesamme wieder marschiert. Aber während em Weitergehe hot merr sich immer noch emol umgedreht un geguckt, ob om net de Räuberhauptmann Kunibert aus dem dunkle Tannewald folche det.

So war dess domols mit em Tannewald im Ober-Olmer Wald. Als jetzt im Friehjahr die schwere Stirm warn, do war's mit dem Tannewald aus. Ich bin do vorbei gefahrn un konnt es gar net fasse, dass dort, wo frieher alles dunkel, fest sesamme gewachse war, dass dort jetzt alles licht un hell war. Die Tanne habbe wie Mikadostäb dorchenonner gelehe, un de Tannewald gibt's net mehr. Trauer hot mich ibberkumme. Trauer, Wut, Hilflosichkeit und Mutlosichkeit. Bestimmt war de Tannewald krank gewese, so wie die meiste Beem bei uns im Wald, denn wär er gesund gewese, do hätt em Tannewald sogar so en schwere Sturm nix ohdue kenne. Abber es is nix mehr se mache. Vergangenheit is de Tannewald jetzt, ja Vergangenheit. Abber vergesse du ich en nie, und damit er aach nie vergesse geht, schreib ich die Geschicht ibbern. Wie mir frieher mim Vadder dorch de Ober-Olmer Wald sinn un immer aach dorch de Tannewald.

Un vielleicht, vielleicht wenn die Mensche emol vernünftich worn sinn un mit de Natur net mehr so leichtsinnich umgehe, donn steht er vielleicht widder mol on soim alte Platz. Merr heert widder es Rausche, un Tannegeruch lieht in de Luft. Un de Guckuck rieft widder soi guckuck. Vielleicht!

Haamweh

Uff em Draaser Berch,
Richtung Finthe.
En Blick enibber in de Rhoigau.
Merr sieht Fraaestoo.
Moi Gedonke wondern links,
Eltville.
Erinnerunge steihe uff.
Wehmut.
Haamweh nooch de Großmudder,
em Großvadder, em Städtche selbst.
Kindheit voll Harmonie.
So wohlgefiehlt bei dene zwaa Alte.
Spaziergäng dorch Eltville.
Fest die Hond vom Großvadder gepackt.
Promenade om Rhoi, die alte Bääm, immer Wind.
Altstadt, Kerch, de Elz, Traube.
In Liebe un Donkbarkeit denk ich serick.
Haamweh un Trauer bleibe.

Ohgekett!

Irgendwonn dreh ich noch dorch, ich konn grad saache was ich will, es is, als wonn ich geche e Wond rede det, es fruchtet nie. Nur wonn ich ausraste, e paar Träne laafe los, donn klappt's widder mol e paar Daach.
Heit morje hot 's widder mol net geklappt. In moim Bad hot 's ausgesehe, als wonn die Wandale dort gehaust hätte. Ibberall habbe Hondischer geleh, net gehonge, sesammegeknäult, nass und merr konn sich ausrechne, wie long des dauert, bis die ohfonge, se muffele.
Ich schreibe uff e groß Blatt, dess ich donn in 's Waschbecke lehe: "Bitte Handtücher aufhängen!" Denke, jetzt muss es jo klappe, es klappt net. Es Blatt lieht im Waschbecke, die nasse Hondischer obbedruff. Un ich spier widder gonz deitlich moi Ohnmacht, un die macht mich rasend.
Ich kennt monchmol grad ... Ich kennt monchmol grad, wonn ich sehe, wie die Spielmaschin oigerahmt werd, vollkommen unlogisch, die Tasse mit de Öffnung nooch obbe, abber die Hauptsach Abitur. Ich halte Predischde, im Gute, im Beese, ich kennt 's aach losse. Es muss so soi, moi Kinner misse ohne Gehern uff die Welt kumme soi.
Sie sehe alles oi, wonn ich mich uffreche, abber dess is aach alles. Un moin Monn, der aach gonz verzweifelt is ibber die Unordentlichkeit vun soine Döchter, gonz ehrlich, viel besser is der aach net. Wonn der sich obends e Brot schmiert, donn rahmt der aach net des Brot widder in de Schronk, die Budder in de Kiehlschronk un's Messer in die Spielmaschin. Dess bleibt donn aach alles liehe, solong, bis die Fraa 's donn halt wegrahmt.
Monchmol, wonn er net so gut druff is, do kimmt er ham, guckt sich um, sieht Schuh stehe, hält dodruffhie de Mädcher en Vortraach, der sich gewäsche hot, worauf die Kinner donn saache: "Ei Vadder, warum reechst du dich donn so uff, doi Schuh stehe doch aach debei." Dodruffhie is em de Wind aus de Sechele genumme, un er steht e bissje hilflos do.
Om meiste reech ich mich jo dribber uff, wonn ich morjens dusche, un donn mit nasse Haar, halb ohgezooe dorch's Haus renne muss, um de Föhn, die Haarberscht, die Wimperntusch un es Deo zu suche. Geh ich donn in die Zimmer vun moine Döchter, un frooch wutentbrannt, wo dess Zeich wär, donn konn es mir bassiern, dass ich erst mol ohgemotzt wer, un donn des Zeich nur unwillich ibbergebbe werd, un ich mich donn fast noch entschuldiche, dass ich se in ihrm wohlverdiente Schloof gesteert hab.
On solche Daache muss ich immer on moi Mädchezeit denke. Domols hab ich was erlebt, was ich niemols vergesse hab, un dess mich om Verstond vun moim Vadder hot zweifele losse. Do hab ich gedenkt, jetzt is er total

dorchgedreht, jetzt konn mer'n bald noch Alzey bringe. Heit halt ich als Zwiegespräch mit moim verblichene Vadder un ich saach em donn: "Du Vadder, heit konn ich dich verstehe, heit kennt ich dess genauso mache, wie du aach. Ich kennt aach die Haarberscht, de Komm und de Wecker mit ner Kett on de Balke festmache, genau so wie du es domols gemacht host." Un ich konn fast kerperlich die Verzweiflung vun moim Vadder spiern, der domols, als mir junge Mädcher warn, aach dorch's Häusje is un die Berscht, de Komm und de Wecker gesucht hot, der uns aach Predichte gehalle hot, die er genauso gut unserm Kicheschronk hätt erzähle kenne.
Un weil er sich net onnerst zu helfe wusst, hot er korzerhond alles mit ner Kett on den Balke, der sich in soim Zimmer direkt neber soim Bett befand, ohgekett. Mir habben domols fer verrickt gehalle, heit waas ich, er hat recht, un ich bitt en in Gedonke um Verzeihung, dass ich en dofer verrickt gehalle hab.
Es war en Kompf um 's Ibberlebe, mir hätte als junge Mädcher alles fortgeschlaaft, was es nur fortseschlaafe gab, un wonn ich gonz ehrlich bin, mir hätte noch fresch behaupt, mir wärn's gar net gewese.
Es widderholt sich alles im Lebe.

Pusteblume

Löwenzahn, dick un gelb,
stehst im Mai im Bliehtefeld.
Un doi Gelb is strahlend schee,
konn merr gar net ibberseh.
Bist verblieht du dort uff Wisse,
dut merr dich net grad vermisse,
weil als Pusteblume donn
merr erneit dich sehe konn.
Bläst merr in doin zarte Ball,
Fallschirmcher vum Himmel fall.
Fasziniert sieht merr se schwebe,
dorch die Luft, wie Spinnewebe,
un de Wind, der dräht se fort,
in en unbekonnte Ort.
Net nur Kinner sinn entzückt,
aach die Alte sinn beglückt,
denke on die Kinnerzeit,
die serick lieht schun so weit.
Vieles musste nei se lerne,
viele Sache, gonz moderne.
Doch oh Sach, die is geblibbe,
hot de Fortschritt net verdribbe,
Pusteblume liebe Kinner,
domols, heit, ich glaab schun immer.

De Dreizehner

De Dreizehner, so habbe mir en Monn genennt,
der stets nur uff de Bus gerennt.
Es war net soin richdische Name,
doch wie mir uff den kame,
dess will ich erzähle in e paar Zeile,
ich hab jo Zeit, brauch mich net se eile.

Morjens um sibbe, do konnt merr die Draaser sehe,
in de Kerchgasse sesamme on de Bushaltestelle stehe.
Kam donn de Bus, do wollt merr enoi,
weil ibber en Sitzplatz, do konnt merr sich freue.

Gedrängel kam uff, net viel, gonz normal,
die Leit warn domols net so radikal.
Doch plötzlich wurd's unruhich, es kam Lebe in die Menge
un unauffällich, so im Gedränge,
do hot sich de Dreizehner von hinne geschickt,
gonz schnell un heimlich nooch vorne gedrickt.

Un baufdich, do saß er uff em Sitzplatz im Bus,
wie er do noi kam, hot kooner gewusst.
Die Aktedasch uff em Schoß, e Lächele im Gesicht,
er hat uns widder ohns ausgewischt.

Dess hot uns geärjert, dess is jo gonz klar,
weil 's ofach fer uns halt gonz ärjerlich war.
Denn er war viel älter, mir konnte uns net wehrn,
denn geche es Alter durfte mir net uffbegehrn.

So ging's morjens in Draas, so ging 's obends in Meenz,
er hat immer en Sitzplatz ohne viel Gedeens.
Doch omol, ich hab 's nie vergesse,
do is er em Straasch vun uns uffgesesse.

Mir Junge stande in Meenz on de Bushaltestelle
un sah en vun Ferne schun kumme, gonz schnell.
Jetzt krieh merr 'n dro, jetzt muss es bassiern,
nur Schnellichkeit konn hier Erfolch garandiern.

Es kam grad en Bus, mir alle vorne hie,
un machte so, als wenn mir den wollte krieh.
Vun hinne Gedrängel, die Busdier ging uff,
de Dreizehner fiel promt enoi uff den Bluff.

Die Aktedasch uff em Schoß, e Lächele im Gesicht,
eich hab ich widder ohn 's ausgewischt.
Mir trate serick vun dem Bus, der do stond,
der fuhr nämlich in e onner Richtung, in e gonz onner Lond.

De Zwonsischer fuhr nooch Draas, des habbe mir gewisst,
un dass de Dreizehner net richdisch is,
dess war fer uns klar, mir hatte es jo uff em Busschild gelese,
soi Eile war hier em Dreizehner soin Fehler gewese.

Kaum fuhr de Bus oh, do merkt er die Falle,
jedoch de Bus hot net mehr gehalle.
Bis Maijeborn musst er jetzt mitfahrn
un bis er donn widder in Draas ohkam,
dess hot gedauert, dess braucht soi Zeit,
ich will 's net leuchne, fer uns war 's e Freid.

Soviel zum Dreizehner, de stets zuerst in de Bus noi wollte,
un dem mir Junge monchmol schwer grollte.
De Dreizehner habbe mern nur noch genennt,
hätt er 's gewisst, hätt er sicher geschennt.
Vielleicht hätt er aach gelacht, dess konn merr net wisse,
merr hätt en halt emol frooche misse.

Er lebt net mehr, er musst schun gehe,
doch sicher is beim Gehe folgendes geschehe.
Om Himmelsdoor obbe gab 's plötzlich Gedränge,
un Unruh kam in die gonze Menge.
Un vun hinne, do hot de Dreizehner sich geschickt,
heimlich un still in de Himmel gedrickt.

De Petrus musst lache, hält sachte en uff,
un seet donn zum Peter: "Denk on de Bluff, domols vor Jahrn,
als de nooch Maijeborn bist gefahrn.
Jetzt host de jo Zeit, stell dich schee hinne oh,
un wonn de on de Reih bist, donn kimmste aach dro.
Warst fleißich un ehrlich in all doine Jahrn,
un dass de so gern mit em Bus bist gefahrn,
dess dut der doin Herrgott sicher vezeihe,
bei monchem do dut's in de Nadur halt drinn leihe.

Un ruft merr doin Name, donn erst tritt dorch's Door,
abber alle Onnern, die lässte schee vor.
Denn hier im Himmel, do hot merr ko Eile,
do konn merr gonz gut ohne Eile verweile."

So long ich lebe, kenn ich die Ommis. Ich sehe se heit noch vor mer, wie se dorch Draas sinn. Dicht on die Haiser gedrickt, Marschgepäck uff em Bukkel un e Gewehr in de Hond. Wonn ich dess gesehe hab, do hab ich immer so e unheimlich Gefiehl krieht un bin meist ham bei die Mudder, weil merr konnt jo net wisse, was die Ommis im Schild fiehrn. Sinn noch die Ponzer-dorch's Ort gefahrn, do war's gonz aus. Do hab ich panisch Ängst krieht.
De Vadder, der hat immer viel mit de Ommis se due. Der is immer uff de Fluchplatz mit em Fahrrad un soim Hund und hot sich mit dene Ommis unnerhalle. Un wonn ich do als debei war, do war mir aach net so gut, do war mir trotz em Vadder doch e bissje mulmich. Englisch hot de Vadder do geredt, dess hot der in de Gefongenschaft in Amerika gelernt. Englisch, mir war als hätt de Vadder als onzicher in Draas Englisch gekennt. Un ich war unheimlich stolz. Un weil dess mit der Unnerhaltung so gut geklappt hot, do habbe de Ommis em Vadder immer Zigarette geschenkt, Schokolad und so graugriene Blechdose. Wonn merr die uffgemacht habbe, do war's e bißje, als wonn merr in's Paradies gucke det. Alles was do drinn war, war so rund wie die Dos. Rundes Pumpernickelbrot, rund Schokolad, runde Dose mit Schelee un Worscht. Un mir habbe alles gern gesse, denn merr hatte jo net viel Abwechslung.
Ohns fällt mer aach immer noch oi, wonn ich on die Ommis denk - Eipulver! Eipulver, igitt, igitt. De Vadder hot dess dehaam mit Wasser ohgeriehrt und ohschließend in de Ponn gebroote. Ich hab mich devor geekelt, abber monchmol, do war halt nix onnersder do, do hab ich halt aach gesse un versucht, dem Pulver ebbes Geschmack abzugewinne. Abber dess Ekelgefiehl, dess is immer geblibbe.
Es scheenste Erlebnis mit de Ommis, dess war omol on Nikelos. Alle Draaser Kinner musste on Nikelos uff de Sportplatz kumme. Un dort hot sich donn Folgendes ereichnet: Es war alles wie e Märche. En große Helikopter kam geflohe un is uff em Sportplatz gelondt. Fassungslos habbe mir Kinner do gestonne. So en große Hubschrauber hatte mir noch nie aus de Näh gesehe, geschweiche donn londe sehe. Un es Allerstärkste war, die Dier vun dem Hubschrauber ging uff, un wer kam eraus? De Nikelos! Absoluter Wahnsinn war dess domols fer uns Kinner, mir wollte es gar net glaabe. Wie de Nikelos ausgestiehe war, do sinn mer all zum Fischer, obbe in de Saal. Uff de Biehn hot sich de Nikelos breit gemacht. Mir Kinner habbe on de Dische gesesse un uff de Dische, mir wollte unsere Aache jo gar net traue, do hot heiße Kakao gestonne un wunderbarer Schokoladekuche. Ich konn heit noch ge-

nau den Geschmack vun dem Schokoladekuche schmecke, so is der mir dief in de Erinnerung hafte geblibbe. Ja, un nooch dem mir donn gesse un getrunke habbe, do is de Nikelos widder aktiv worn. Name wurde uffgerufe. Die Kinner sinn donn zum Nikelos hie und tatsächlich, de Nikelos hat fer jeden e Geschenk. Fer mich hot de Nikelos e schwarz Böbbche. Ich kann net beschreibe, was in mir alles vorgonge is, wie ich des Böbbche gesehe un in moine Arm gehalle hab. Es war unfassbar fer mich, daß die Ommis mir aach noch e Geschenk mache, wo mir doch immer so unheimlich war, wonn ich se gesehe hab und wo ich doch eichentlich gar net zum Nikelos do vor wollt, weil ich mich so geniert hab, so dorch die gonze Leit se gehe. Die Mudder musst mich on de Hond nemme un zum Nikelos fiehrn, sunst wär ich jo gar net vor.
So konn merr sich täusche, von jetzt oh warn die Ommis moi Freunde. Denn außer dem scheene Böbbche hab ich noch en wunderbare Trainingsohzuch krieht, inne so richdisch kuschelisch ohgerauht. Es war alles, als wonn merr traame det.
Dess mit dene Freunde, dess hot sich abber gonz schnell widder geleht. Wonn ich als den Hubschrauberlärm un dess Schieße vum Fluchplatz obbe heer, in de heidisch Zeit, wo so ebbes jo gar net mehr nedisch is, do is es net mehr weit mit de freundschaftliche Gefiehle fer die Ommis. Hauptsächlich, wonn sich dess alles bis dief in die Nacht abspielt. Viele Beschwerde wern gemacht, abber ich hab so es Gefiehl, je mehr merr sich beschweerd, je schlimmer is de Lärm, je mehr werd geflooche und geschosse.
Sie sinn halt immer noch die Gewinner vum Kriech, un ich, die ich jo gar nix defer konn, und moi Kinner, die jo dodefer aach nix kenne, mir misse den Krach immer noch ertraache un dess werd om monchmol zuviel. Wo doch gonz klar is, dass heit kooner mehr en Kriech will, weil den jo sowieso kooner ibberlebe det. Also kennte doch die Ommis obbe uff em Fluchplatz ihr Sache packe un widder nooch Amerika gehe, damit mir endlich mol widder unser Ruhe hätte. Ich meen, es wär jetzt long genuch uff em Fluchplatz Zucht gewese, es det jetzt werklich longe, abber wer gibt schun ebbes uff moi Meinung?

De Parre Rettich

Erich Rettich hieß domols unsern Parre.
Ernst war der mehr, merr konnt net so mim lache.
Er war fer uns e Reschpektsperson,
geche den waachte mir uns koon fresche Ton.

Do gab's ko Ach, do gab's ko Weh,
dess tat sich gonz vun selbst versteh.
Mer wusste aach genau warum,
mir warn domols jo aach net dumm,
zu dem habbe mer immer zum Beichte gemisst,
der hot all unser kloone und große Sinde gewisst.

Drum war merr vorsichtich, wenn merr ihm begechnet,
war froh, wonn der uns trotz Sinde noch gesechnet.
Un trotzdem, wonn ich so ibberleh,
fer ihn war 's bei uns monchmol net schee.
Mir warn Kinner, kannte uns mit Gemeinheite gut aus,
monchmol ging er flennend aus unserer Klass eraus.
Koon fresche Ton is do gefalle,
trotzdem hot er 's monchmol net ausgehalle,
merr konn aach ohne Worte jemand uff die Palme bringe,
de Parre Rettich konnt dovun e Liedche singe.
Sunndaachs in die Kerch, dess war fer uns Pflicht,
mer hatte uns dodruff oigericht.
Die Predicht war long, monchmol net schee,
mir Kinner konnte se als net versteh.
Trotzdem hätt es kooner gewaacht,
un trotz Langweile en laute Ton gesaat.

Un hot ohner Sunndaachs in de Kerch gefehlt,
hot's de Parre gemerkt un dess net verhehlt.
Er hot donn gefroht, wo mer om Sunndaach gewese
un notfalls gleich die Levite gelese.

War's Wetter gut, donn hot merr 'n gesehe,
beim Previerlese longsom dorch 's Ort als gehe.
Un is er bei uns spielende Kinner vorbeikumme,
do habbe mir uns gleich einwandfrei benumme.

Sinn zu em gerennt, habbe ehrfirchtich und fromm em die Hond gedrickt,
laut „Grüß Gott Herr Parre" gesaat, aber doch gleich widder abgerickt.
E ängstlich, stolz, freidich Gefiehl hat mer debei,
denn em Parre die Hond se gebbe, dess war om net einerlei.
Em Vertreter vum liebe Gott die Hond zu dricke,
dess konnt am irgendwie beglicke.

Heit is merr ehrlicher, gonz gewiss,
un wonn en Parre halt nix iss,
donn seet merr 'm des aach frank un frei,
mit de Ängstlichkeit von domols is es vorbei.

Abber aach mit Ehrfurcht un Feierlichkeit,
fer so Sache hot merr heit ko Zeit.
Domols konnt de Parre uff de Konzel noch die Wahrheit saache,
merr hot 's em net so noochgetraache.

Heit is des onnerst, er muss mit de Wahrheit vorsichtich soi,
sunst kumme nämlich net soviel in die Kerch enoi.
Un monche trete weche de Wahrheit aach aus de Kerch noch aus.
Ohns is gewiss, unserm Herrgott macht dess nix aus.
Der det gar net an Kerchesteier denke!
Seit wann dut merr mit de Wahrheit jemand kränke?

Wo's Vegelche dribber gepiffe hot

Wo's Vegelche dribber gepiffe hot, dess is en Ausspruch, den kenne moi Kinner net mehr. Den wern se aach nie mehr kennelerne, denn die Zeit fer den Ausspruch, die is schun long vorbei, die kimmt net mehr. Abber da ich gern von de Vergongeheit erzähle, hab ich den Ausspruch erausgesucht, un damit er net vergesse geht, du ich ibber den berichte.
De Vadder, dess war en große Monn, bestimmt en Meter neunzich groß, un de Vadder hot in Meenz on de Eisebahn geschafft. Im Summer, wonn er donn vun de Abeit ham kam, do hot er sich umgezohe, is bei de Gerhards Heine, hot dort e Hack geholt, is ins Feld un hot dort bis spät obends noch im Feld geschafft.
Em Gerhards Heine soi Fraa, dess war es Leenche. Un wonn es Leenche gewusst hot, de Fronz kimmt heit un geht noch emol in's Feld enaus, do hot es Leenche schun gonz automatisch es Brot geholt, e Leberworschtdos uffgemacht, odder wonn's grad en Schinke do hatt, donn ebbe de Schinke geholt un hot ohgefonge, Brote se schmiern. Un dess warn ko kloone Brote, dess hätt es Leenche sich gar net getraut, naa, dess warn richdisch dicke Ronke un die warn beleht, do konnt merr nur staune. Dick beleht un monch ohner kam dribber in's Gribbele, weil er sich Gedonke gemacht hot, wie groß wohl dess Maul soi misst, dess in so en Ronke ibberhaupt noibeiße kennt.
Wonn's abber gehaase hot, die sinn fer de Fronz, do war alles klar, dess hot merr akzeptiert, denn de Fronz, der konnt do noibeiße, der hot do ko Probleme, fer den warn die grad richdisch. Ja, un die Brote hot de Vadder sich also, ohns hibbe, ohns dribbe, in de Hosesäckel gesteckt un mit ins Feld genumme. Naddierlich hot er aach was se trinke debei, denn er hot sich net verkumme losse. Tee hot er mitgenumme, abber lieber war em noch e Flasch Bier.
Im Feld, uff em Gerhards Heine soim Acker, do hot er sich donn on die Abeit gemacht un hot gehackt. Monchmol, wonn 's noch so heiß war un die Sunn hot noch long gescheint, do seh ich en immer noch vor mer, do hot er aus em große Sackduch e Koppduch gemacht, vier Knote on jedem Sackduchend, un dess hot er sich uff de Kopp gesetzt. Wonn mir en so gesehe habbe, do musste mer lache un er hot donn so im Spass mit uns geschennt un hot uns fortgejaht.
Obends, wonn er ham kam, do habbe mir schun gewaat. Gelauert habbe mir do un geguckt, ob soi Hosesäckel noch ausgebeult warn. Monchmol warn se net ausgebeult, do warn mer enttäuscht, abber wonn se ausgebeult

warn, do warn mir glicklich. Do hot er nämlich soi dick belehte Brote rausgeholt un hot gesaat: "Ihr Meed, dess is e gonz besonders Brot, dess schmeckt eich bestimmt, do hot nämlich es Vegelche dribber gepiffe." Mein Gott, es Vegelche hot dribber gepiffe, dess war domols fer uns ebbes gonz Besonders. Eigentlich war dess Brot jo jetzt schun trocke, un wonn mer noigebisse hot, war es om fast unangenehm, so trocke war 's. Do hot 's als on de Lippe schun e bissje weh gedoe.

Abber dass ibber dess Brot es Vegelche gepiffe hot, dess hot alles wieder wett gemacht. Dess hot dem Brot en Geschmack verliehe, der war domols einmalich. Un aach die Lebberworscht, die Blutworscht un de Schinke, die habbe so gut geschmeckt. Dess zu beschreibe, dess is ofach unmeglich, do muss merr selbst nochmol Kind soi, sunst konn merr dess net verstehe.

Bei uns hot 's also gehaase, es Vegelche hot dribber gepiffe, abber letzt hot mer moi Freundin, die Gertrud, erzählt, bei ihne hätt dess "Hasebrot" gehaase. Abber eigentlich is es egal, ob es Vegelche dribber gepiffe hot odder ob merr Hasebrot dribber gesaat hot, es war fer uns Kinner jedenfalls es beste Brot, was es domols se esse gab, un war 's aach schun gonz hatt un verdrockend, es gab ofach nix scheeneres wie so e Brot, wo's Vegelche dribber gepiffe hot.

Ich waas, wonn ich moine Kinner die Geschicht vorlese, die freie sich do dribber, dene gefällt's, wonn ich aus de Vergongenheit, vun moiner Kindheit erzähl, abber ob die so e Hasebrot odder so e Vegelchebrot esse dete, dess bezweifel ich doch sehr. Odder? Vielleicht doch?

Willkumme, Friehling

De Friehling kimmt, er kimmt mit Macht,
un drausse die Nadur erwacht.
Merr sieht die Knospe hurtisch sprieße,
's werd gonz leicht grie in Wald und Wiese.

Die Vegel zwitschern, jubiliern,
dun neies Lebe garandiern.
Merr spiert de Friehling in de Luft,
er hot en gonz besondre Duft.

Merr atmet dief jetzt, gonz bewusst,
merr krieht zu allem widder Lust.
Es treibt om raus in die Nadur,
vun Friehjohrsmiedichkeit koo Spur.

Merr nimmt e Bad in Flur und Feld,
merr is uff Lebe oigestellt.
Willkumme, Friehling, loss dich nur net mehr vertreibe,
du bis zum Summer bei uns bleibe!

En Traum

Wonn die Draaser Kersche bliehe,
meent merr's wär's Paradies,
un merr heert die Lerche zwitschern:
"Vum Himmel viele Grieß".

Longsom, sacht, gonz ohne Eile,
ziehn Wolke leis vorbei,
dete gern gonz hier verweile,
sich on der Pracht erfreie.

Un de Wind wiegt sanft die Bliete,
liebkost zärtlich jed Blatt, jeden Baum,
steht merr in dem Meer vun Bliete,
meent merr's wär en Traum.

Biene summe, Vegel singe,
alles is so schee.
Do, die Draaser Glocke leite -
Zeit, jetzt bleib still steh.

Sunnestrahle spende Wärme,
dringe dief in jed Herz.
Donkbarkeit aus alle Poore,
steiht uff, himmelwärts.

De Rasmus-Unkel odder es Strommännche

De Rasmus-Unkel war net groß,
grad knapp ibber'n Meter fuchzisch bloß.
In Draas do hot merrn gut gekennt,
er is do stets nur dorchgerennt.

Er hot die Strom- un Wasseruhrn abgelese,
dess war domols soin Beruf gewese.
Deshalb kam er in jedes Haus,
kannt sich in Draas aach bestens aus.

Wonn er nun soim Beruf noochging,
e Dasch er um de Bauch sich hing,
e Buch, dess truch er unnerm Arm,
noch e Bleistift un e Daschelomp
in die Dasch noi kam.

Wie hoch die Strom- un Wasserrechnung widder kimmt,
dess hot de Rasmus-Unkel allo bestimmt.
Er war korrekt, stets gonz genau,
hot niemond ibber's Ohr gehau.

Die Wasseruhrn un Stromzähler,
die hinge meistens in de Keller.
Do war's net hell, do war's gonz dunkel,
deshalb do hot de Rasmus-Unkel,
soi Daschelomp stets mit debei,
die sollt em donn behilflich soi,
dass er die Zahle konnt besser sehe
un ihm im Dunkle nix geschehe.

Hot er alle Zähler un Uhrn in Draas abgelese,
donn war's soi nächst Uffgabe gewese,
die Differenz vum letztemol bis heit,
erausserechne fer die Draaser Leit.

Die Last un die Verontwortung,
die brachte ihn als schier gar um.

Beim Rechne hot er als geschwitzt,
es Rechne hot als nix genitzt,
weil jedesmol ebbes onnerster raus kam,
drum nahm er soi Rechnunge unner soin Arm
un ging zum Blume Karl-Heinz in die Stubb.
Er sprach: "Ach, Karl-Heinz, lieber Bub,
ich konn grad rechne was ich will,
die Zahle halte gar net still,
drum kimmt stets ebbes onnerster raus,
ich halt dess jo bald net mehr aus."

De Karl-Heinz hot net viel gesaat,
er rechnet dorch die Rechnunge grad,
un war donn fertich, eins, zwei, drei,
de Rasmus-Unkel stand debei.

Froh war er un donkbar em Karl-Heinz donn,
un dacht bei sich, moin lieber Monn,
der Bub konn rechne, Gott sei Donk,
der macht mol Karriere uff ner Bonk.

Om nächste Daach ging's on's Kassiern,
nie tat em dobei ebbes bassiern,
vun weche Ibberfall un so,
die Oinahme von domols warn halt kloo.

Es Geld kam sicher in soi Dasch,
die Quittung noch gab er om rasch,
un war merr donn mol net dehaam,
om nächste Daach er widder kam.

So kassierte de Rasmus-Unkel Jahr fer Jahr,
bis er defir zu alt donn war.
En neie Draaser Strom- und Wasserableser wurd net mehr oigestellt,
denn nooch em Rasmus-Unkel verännerte sich die Welt.
De Fortschritt kam, e neie Zeit,
un nahm uns die Gemietlichkeit.

Fahr ich als emol nooch Kostum zum Oikaafe, do muss ich ibber die Theodor-Heuss-Brick. Während de Fahrt ibber die Brick steihe Erinnerunge in mir uff. Erinnerunge on's Brickehaisje un wie ich domols uff em Brickegeländer gehockt hab, die Boo hab bombele losse un de Vadder mich mit soine starke Ärm festgehalle hot.
Dess Brickehaisje hot in de Mitt vun de Brick außerhalb gehonge. En Monn hot in dem Haisje gehockt un mit dem hot sich de Vadder unnerhalle. Ich waas net mehr genau, wie der Monn domols ins Brickehaisje ibberhaupt noikumme is, un was der do eigentlich gemacht hot, abber ohns waas ich noch gonz genau. En Spaziergong uff de Brick war immer e uffrechend Sach. De Vadder hot mich nebberm Haisje uff's Brickegeländer gehockt, fest soin Arm um mich geschlunge, un ich konnt jetzt toll enunner uff de Rhoi gucke. Gonz dief unne is er zwische de Brickepeiler dorchgeflosse. Dunkel war er un selbst als Kind hab ich soi Kraft un soi Stärke gespiert un so ebbes wie Ehrfurcht is in mir uffkumme. Vum Brickegeländer konnt merr prima in de Rhoi spucke, doch de Wind hot om die Spucke meist weit weggetrage un merr hot net mehr gesehe, wie se ins Wasser gefalle is. Laut klatschde die Welle geche die Peiler, Gischt is hochgespritzt, un die Möwe habbe kreischend ibber dem Gonze ihr Runde gedreht.
Schiffe sinn unner de Brick dorchgefahrn. Habbe getut, un ich hab fröhlich vum Brickegeländer enunner gewunke. Uff de Schiffe war geschäftiches Treibe. Die Hausfraue vum Schiff habbe Wäsch uffgehängt, un die Wäsch is im Fahrtwind lustisch gefladdert.
Wonn merr in Richtung Weisenau geguckt hot, konnt mer die Eisebahnbrick sehe un nebber de Eisebahnbrick en alte Turm. Beim Ohblick vun dem Turm hab ich mich ängstlich on de Vadder gedrickt. De Vadder hot uns Kinner nämlich erzählt, in dem Turm det de Räuber Kunibert mit soiner Räuberbande wohne. Dess wär koon Gute, der det aach als kloone Mädcher klaue un ab un zu det er aach emol im Ober-Olmer Wald soi Unwese treibe.
Uff em Brickegeländer fest vum Vadder gehalle konnt mer jo nix bassiern un so hab ich mich doch einigermaßen sicher gefiehlt. De Wind hot uns um die Ohrn geweht, un irgendwie hab ich mich domols unheimlich frei gefiehlt. Ängst hat ich koo. De Vadder hot mich jo festgehalle. Ich hat Vertraue. Dass ich Vertraue hat, wusst ich domols naddierlich net. Dess Wort war mir unbekannt. Abber jetzt, wo ich erwachse bin un so serick denk, do waas ich, dass ich voll Vertraue zum Vadder war. Ich wusst, daß er mich niemols hätt falle losse un so long er gelebt hot, war 's aach immer so gewese. Oh, mir

hatte aach unser Probleme, mir zwaa. Merr seet, mir hätte de selbe Charakter gehabt. Un wonn merr de selbe Charakter hot, do prallt merr mehr als omol im Lebe sesamme. Abber trotz unserer Probleme, die mir mitenonner hatte, mir wusste doch, dass merr immer uffenonner zähle konnte.
Un wonn er noch emol käm un det saache, “Auf, Hilde, setz dich uffs Brickegeländer, ich hall dich fest!”, ich det ‘s noch emol mache!

Summerbote

Vor moim Fenster steht en Baum,
wonn der blieht, s‘is wie en Traum.
Rosa Bliehte, wunderbar,
bringt hervor er jedes Jahr.
Vegel sitze im Geäst,
baun in dem Palast ihr Nest,
un en Duft gonz wunderbar
schwebt um Baum un Vogelschar.
Stundelong kennt ich hier stehe,
mir die Bliehtepracht ohsehe,
loss moi Aache drinn ertrinke,
in der Bliehtepracht versinke.
Waas ich doch jetzt gonz genau,
wonn ich mir den Baum ohschau,
dass de Friehling bald vorbei,
un de Summer stellt sich oi.
Hält die Pracht nur korz aach oh,
bin ich dribber doch so froh.
Waas genau, im nächste Jahr
blieht er widder wunderbar.

Es Ottersbachs

Es Ottersbachs hatte in Draas domols ihr Schreinerei.
Geht merr in Richtung Finthe, kimmt merr do dro vorbei.
Die Schreinrei hot immer viel zu due,
kaum hat merr Zeit fer auszuruhe.

In de Werkstatt hinnerm Haus,
hielt merr's vor Krach als gar net aus.
Die Sääch hot gesächt do stundelong,
aach's Druffschlaa uff die Nächel hot konn leise Klong.

Un ibberall hot Holz gelehe,
dess merr, wonn merr's braucht, donn halt dut versäe.
Es Holz war domols noch richdisch Holz,
gut trocke, long gelagert, em Schreiner soin Stolz.

Un braucht en Draaser e Trepp, en neie Schronk,
hat merr de Ottersbach glei bei de Hond.
Aach fer en Sarch braucht merr net se renne,
merr hot en beim Ottersbach bestelle kenne.

Un hot en Ball sich mol verirrt,
un hot e Fensterscheib geklirrt,
donn war dess aach ko groß Problem,
merr hat es Ottersbachs, es war bequem.

De Abfall vum Holz, der net mehr gebraucht,
hot gut donn als Ohmachholz gedaucht.
Dess hot gebrennt, schnell un lichterloh,
un dofer war merr domols froh.

Un was merr gemacht hot, war werklich solide,
die Leit warn mit de Abeit meist sehr sefriede.
Merr hot aach de kleenste Ufftrach ohgenumme,
un is donn meist aach pinktlich kumme.

En Schreiner krieht merr heit nur schwer,
besonders bei kloone Ufftträch kimmt kooner mehr.
Merr konn do waate, merr braucht Geduld,
e bissje geb ich hier em Fortschritt Schuld.

Interessont sinn heit nur noch große Sache,
dass viele kloone aach e groß Sach ausmache,
dess hot merr vor lauter Fortschritt vergesse,
heit wird halt mit onnern Maßstäb gemesse.

Ich konn mich noch gut erinnern, dass frieher die gonz Familie sesamme frieh in's Bett is. Im Winter sowieso, do war's domols noch richdisch kalt un die Haiser warn net so gut isoliert wie heit.
Un on de Fenster warn morjens die scheenste Eisblume zu sehe, die merr sich denke konnt.
In unserm Stibbche war koon Ofe, also konnt merr aach ko Feier mache zum Wärme. Zum Schutz geche die Kält hot die Mudder so dicke halbhohe Vorhäng on die Fenster gehängt. Do warn extra om Fensterrahme hibbe un dribbe je en Nachel noigeschlaache un on die Vorhäng warn donn hibbe un dribbe je so kloone Ringelcher dro genäht. Die zwaa Ring sinn in die Nächel gehängt worn. Es hot bestimmt net viel genitzt un morjens war donn de Vorhong fest on's Fenster mit ohgefrorn, abber merr hot halt nix onnerster. Zum Uffwärme hot jeder e heiß Bettflasch in's Bett geleht krieht un irgendwonn is es om doch warm worn. Am allerwärmste abber war's fer moi Schwester un mich bei unserem Vadder im Bett. Unsern Vadder war en große, starke Monn. Un monchmol, wenn ich so serick denk, do denk ich, also ich kennt des heit gar net habbe, soviel Kinner in so em kloone Bett un selbst noch so en Bär. De Vadder konnt's, ohns hinne, ohns vorne, so habbe mir bei em gelehe un es war so schee warm in soim Bett. Wie mir donn greßer warn, ging dess net mehr, weil halt koon Platz mehr do war. Abber wie merr kloo warn, war dess e toll Sach. Die Better im Schlofzimmer vun de Eltern habbe uff de oh Seit unnerenonner gestonne, weil dess Stibbche so kloo war. Uff de onner Seit hot de Schlofzimmerschronk un die Kommod mit em Spiechel gestonne, un in de Mitt war de Gong.
Un wenn mer all so gemietlich im Bett gelehe habbe un die Stimmung gut war, do habbe mer meistens Haiser rode gemacht. Haiser rode kennt merr vielleicht heit gar net mehr. Abber uns hot's domols Mordsspass gemacht. Ohner musst ohfonge, musst sich e Haus in Draas in Gedonke aussuchte, un wenn do e Familie mit zwaa Bube gewohnt hot, musst merr saache: "Wer is des, e Mudder, en Vadder un zwaa Bube." Wenn do halt Mädcher gewohnt habbe, donn halt "E Mudder, en Vadder un zwaa Mädcher" usw. Die Onnern, die jetzt nett dro warn, die musste jetzt rode. In Gedonke is merr alle Gasse in Draas dorchgonge, alle Familie, bis merr halt uff oh gestoße is, wo zwaa Bube odder Mädcher gewohnt habbe. Die hot merr donn gesaat.
War's richdisch, musst merr sich e nei Haus aussuche, war's falsch, hot merr vielleicht en Tip krieht. Sie wohne om Berch, sie wohne in de Näh, sie wohne weit weg. Irgendwonn hatte merr's immer rausgefunne. De Vadder hot

als gesaat: "E Mudder, en Vadder, zwaa Mädcher un en Piffke." Do habbe mir lache misse, weil mir dess jo selbst warn, de Piffke war nämlich unsern Hund.

So ging dess als stundelong, bis mir mied warn un ohner noch em onner is donn oigeschlofe. Die Ärmcher fest um de Vadder geschlunge, ohns hinne, ohns vorne, bis morjns. Ich glaab de Vadder hot als nachts net getraut sich erum se lehe, aus lauter Ängst, er kennt uns erdricke.

Heit bedauer ich monchmol, dass mir dess Zusommengeheerichkeitsgefiehl unsere Kinner net mehr so vermittele kenne wie domols. Mir habbe schun e paarmol Haiser rode mit de Kinner gemacht, sie habbe aach Spass gehabt, abber extra frieh ins Bett dodefer, dess dete die heit net mehr mache. Bei uns gab's net so viel Abwechslung. Radio kam erst spät bei uns, weil mer uns dess net leiste konnte. Genau so war's mim Fernseh. Drum habbe mir uns halt riesisch gefreit, wonn die Mudder und de Vadder mit uns Haiser rode gespielt habbe.

Domols ging's aach noch leichter, weil in Draas noch net so viel Leit gewohnt habbe, un die, die do gewohnt habbe, die habbe mer all gekennt. Die Zeite ännern sich un die Zeite ännern sich immer schneller. Ob die Zeite besser odder schlechter worn sinn, kann ich net beurteile, nur ohns waas ich, die Zeit, als mir mit em Vadder un de Mudder Haiser rode gespielt habbe, dess war e schee Zeit.

Es Stromhaisje

Es Stromhaisje hinner de Weide,
dess konnte mir Kinner domols gut leide.
"Geht net do hie, losst dess bloß soi,
sunst fallt ihr in den Schacht noch noi!"

Weche dem Schacht, der domols neberm Stromhaisje war,
hatte unser Midder Ängst, dess war jo klar.
Jedoch die Warnung hot nix genitzt,
mir habbe oft die Gelechenheit benitzt,
um's Stromhaisje erum habbe mir gespielt,
obwohl mer uns debei immer e bissje unheimlich gefiehlt.

Geheimnisvoll vun Gestripp verdeckt
war do de Schacht nur mit alte, morsche Bretter abgedeckt.
Gänsehaut hot merr om gonze Kerper krieht,
weil's Loch om wie magnetisch ohzieht.

War merr mutich, ging merr on de Rond, gonz nah,
wo merr in's Loch bis in die Tiefe sah.
Finster war's, merr hot nix gesehe,
jedoch der Gedonke, was det geschehe,
wonn merr in's Loch det noifalle,
der hot om e bissje in Atem gehalle.

Modergeruch laach in de Luft,
bekanntlich jo koon gute Duft.
Alles in allem geheimnisvoll, mysteriees
und ich war donn aach gar net bees,
wonn's hieß, es werd woonnerst gespielt,
do hab ich mich sofort besser gefiehlt.

Es Stromhaisje gibt's aach noch heit,
de Schacht selbst is vor longer Zeit
zugeschitt worn. Merr konn es net mehr sehe,
wo domols die morsche Bretter gelehe.

Geht e Kind heit om Stromhaisje vorbei,
do is em dess gonz einerlei,
es konn jo aach net wisse, dass hier vor longer Zeit,
en geheimnisvolle Platz war,
um den es uns vielleicht hätt beneid.

Verwechslung

De Vadder hat en Betriebsausfluch gemacht. Schwer hat er sich in die Reih geschafft. De schwarze Ohzuch, e weiß Hemd, de Mondel un en schwarze Homburger, so is er also uff de Ausfluch.

Ich war domols immer baff erstaunt, wie aus moim Vadder, der sunst net soviel uff Kleidung Wert geleht hot, uff omol, so mir nix, dir nix, en foine Monn worn is. Wie en Graf hot er ausgesehe, un ich war schwer stolz uff en.

Es muss en scheene Betriebsausfluch gewese soi, merr muss viel Spass gehabt habbe un aach mim Trinke muss merr sefriede gewese soi, denn als de Vadder spät obends vun soim Chef, dem soiner Fraa un deren Sohn haamgebrocht worn is, war die Stimmung hervorragend.

Wie der haamgebrocht worn is, is mir heit noch e Rätsel. Denn die vier - kooner hat vun dene unner zwaa Zentner - die vier sinn mit em Gogoche kumme. Beim Draaser Berch un dem Gewicht noch gut ohsekumme, dess war e Leistung. Ich sehe se heit noch unne im Wohnzimmer sitze un heer se aach nooch lache.

Es war schun e erhebendes Gefiehl, dass em Vadder soin Chef bei uns im Wohnzimmer gesesse hot. Ich hab's jedenfalls nie vergesse. Wahrscheinlich hab ich's abber aach nie vergesse, weil domols ebbes bassiert is, ibber dess mer heit noch lache.

Nooch dem viele Trinke un Esse musst moim Vadder soin Chef halt emol uff die Toilette. Toilette gab's domols noch net so wie heit. Vun weche mit Wasserklosett usw. Merr war domols genügsam. Un so kam's, dass de Chef vum Vadder enaus in de Hof on die Mistkaut is. Dort hot er sich hiegestellt un soi Geschäft verricht.

Dorch unsern Hof konnt merr on de Mistkaut vorbei aach unne raus un roi gehe, do war e Door. Un rechts vun dem Door, do hot die Schwester vun moim Vadder gewohnt. E resolut Person, die immer wusst, was se wollt, un die immer do war, wonn's notwendich war. On dem Obend hot se also geheert, dass do drauße im Hof ohner gestonne hot, un vielleicht hot er gesunge oder sunnst ebbes gemacht, es kam ihr uff jeden Fall in de Sinn, dass ihrn Bruder, moin Vadder, der gonz gern emol ohner gemacht hot, widder ohner gemacht hätt. Dess hot se in Wut versetzt. Also is se naus dorch's Door in unsern Hof, hot do ohner stehe gesehe und hot voller Wut dem dort Stehende ins Knick gehaae. Donn is se, ohne sich um den Geschlaachene se kimmern, enuff bei uns dorch die Kich un ins Wohnzimmer. Un wie se so ins Wohnzimmer guckt, do sitzt ihrn Bruder, dem sie doch soebe ins Knick gehaae hot, dort quietschfidel om Wohnzimmerdisch un trinkt do e Bier.

Die Aache sinn ihr bald aus em Kopp gefalle un sie wollt 's net glaabe. Erbarme, wem hab ich donn do ebe o gelongt? Der, dem se oh gelongt hot, der hot sich mittlerweile uffgerabbelt un hot jetzt hinner ihr gestonne un hot noch gonz benumme gesaat: "Mein lieber Freund, ich hab jo schun viel erlebt, abber dess is mer noch net passiert." Wie moin Vadder donn soiner Schwester soin Chef vorgestellt hot, do war's gonz aus.
"Wie soll ich dess nur widder gut mache!", hot se gerufe un debei verzweifelt die Händ gerunge.
Gott sei Donk war moim Vadder soin Chef en gute Mensch. Er hot ihr verziehe.
Als Buße hot die Tonte dehaam e paar Dose Lebberworscht un Blutworscht geholt, Gummern oigepackt, Brot und Woi un is schnell widder eruff kumme bei uns ins Wohnzimmer, un dort hot mer donn so richdisch Versöhnung oder Verzeihung gefeiert bis dief in de Morje enin.
De Vadder hot koo Schwierichkeite krieht, wie gesaat, de Chef war en gute Mensch.
Aber die Geschicht, die werd jedesmol, wonn die Familie sich trifft, widder rausgekraamt un noch heit, nooch so viele Johrn freie mir uns, dass die Tonte Maria em Vadder soim Chef ins Knick gehaae hot, denn hätt se des net gemacht, hätte mir net dribber lache kenne.

Bonbons

”Ihr kennt was erlebe,
ich du eich oh klebe,”
so hat die Mudder domols getobt.
Wonn mir Bonbons gemacht habbe,
hot die uns niemols gelobt.

Mir konnte dess monchmol gar net verstehe,
es war jo so Schlimmes aach net geschehe.
Die Ponn hot geklebt un arich gebabbt,
aach hot de Ofe e paar Flecke gehabt,
abber warum merr sich do dribber so uffreche musst,
dess hätte mir Kinner mol gern gewusst.

Kaaft krieht habbe mer gonz selten sieße Sache,
drum musste mer se uns halt selber mache.
Bonbons se backe war fer uns e gonz toll Sach,
sie hot halt alles e bissje klebrich gemacht.

Zuerst musst merr im Ofe es Feier entfache,
donn konnt merr Fett in die Ponn noimache.
Un war dess verlaafe, kam de Zucke dezu,
jetzt war ko Zeit fer sich auszuruh.

Mer musst jetzt mim Kochleffel gleichmäßich riehrn,
nur Ruhe konnt hier Erfolch garandiern.
Achtung - es wurd jetzt longsom flissisch un braun,
tatsächlich - merr traut soine Aache jo kaum.

Longsom riehrn, gonz longsom mit Gefiehl,
es werd jetzt ernst, es Bonbonspiel.
Jetzt abber vum Feier, sunst wird's jo wie Kohle,
un merr musst sich e onner Ponn beihole.

Un zwaa klebriche Ponne hot die Mudder net verkraft,
sie hot jo die oh Ponn zu verdaue fast net geschafft.
Alles klar, unser Werk is gelunge,
mir sinn vor Freid on die Deck fast gesprunge.

Karamellbonbons hatte mer vun de feinste Sorte,
die konnt merr die nächst Stund erstmol horte.
Un ach! Was en Duft war jetzt in de Kich,
e Karamell-, Fett- und Feiergemisch.

Es Wasser is uns im Mund sesamme gelaafe,
so gute Bonbons konnt merr gar net kaafe.
Jetzt musst merr waate, bis alles schee kalt,
donn wurd de Karamell in de Ponn gespalt.
Mit em Kartoffelstempel wurd druff geschlaa,
bis lauter Splitter in de Ponn merr sah.

Donn wurd probiert, es war wie's Paradies,
dess macht om donn aach net die Mudder mer mies.
Dorch ihr Geschenn, dess laut donn erschallt,
un dess als dorch gonz Draas is gehallt.
"Ihr Bonkert, wie oft soll ich eich 's noch saache,
ich will mich mit dem Babb net mehr so abplaache."

Sie kam vun de Abeit, war abgeschafft un mied
un hot weche dene Bonbons en Ohfall halt krieht.
Hätt die Mudder die Bonbons nur ohmol probiert,
hätt die uns nie mehr geschennt, gonz bestimmt, garandiert.
Im Gechedeil, sie hätt se selbst mol gemacht
un hätt wie mir beim Probiern ons Paradies gedacht.

E frisch Brot hab ich kaaft. Jetzt hab ich Hunger uff dess frische Brot, uff Butter un selbstgemacht Marmelad.
Ich hol's Messer raus, donn's Brot und mach dess, was ich immer mach, wonn ich e nei Brot ohschneid. Ich nemm's Messer un mach mit dem Messer drei Kreizjer uff's Brot. Un während ich die mach, saach ich leise: "Jesus, dir leb ich, Jesus, dir sterb ich, Jesus, dir bin ich tot und lebendich, vielen Donk fer dess Brot." Un ich saach dess nie nur ofach so aus Gewohnheit, na, voll Donkbarkeit.
Die Zeremonie hab ich ibbernumme vun moine zwaa Großmüdder. Von de Draaser und vun de Eltviller. Alle zwaa habbe die Geeste immer gemacht. Sie wusste noch, warum se so donkbar warn for e Brot. Sie habbe Erfahrunge gemacht in der Hinsicht.
Die Draaser Oma hat zeh Kinner un de Opa war nur en kloone Bauer gewese. Un obwohl die Kinner nie Hunger gelitte habbe, große Spring konnt die Großmudder nie mache, mit dem bissje, was do war. Deshalb ewich Donkbarkeit fer so e Brot.
Die onner Großmudder hat nur drei Kinner, zwaa hot de Opa mit in die Ehe gebrocht, ohns kam noch dezu.
18 Johr long war de Großvadder mit Unnerbrechung arbeitslos, noochdem er de erste Weltkriech heil ibberstonne hat. Donn kam de zweite Weltkriech. Un e Brot war e groß Kostbarkeit domols.
Mir selbst is es immer gut gonge. Nie hab ich Hunger gelitte, nie habbe moi Kinner Hunger gelitte. Hab ich do net allen Grund, dodefer donkbar se soi?

Die Kohlerechnung

Sein Name war Wolf, er wurd Peter genannt,
war domols vor Jahrn alle Draaser bekannt.
Er war en Schelm besonderer Art,
und hätt's en net gebbe, wär's dodrum schad.

Soi Zungegibbelche verlor er frieh,
hat darum mim Spreche arich Mieh.
So fiel em aach es Beichte schwer,
es Gibbelche fehlt em doch halt sehr.

Drum hätt er mim Parre ausgemacht,
de Parre hot innerlich, heimlich gelacht,
dass er soi Sinde uffschreibe det,
weil's besser mim Schreibe als mim Spreche geht.

So hot er's jedenfalls de Leit erzählt;
es Beichte mim Zettel hätt en net so gequält.
Nur ohmol bekam er mim Zettel Probleme,
er heerte vum Parre gar seltene Töne.

De Parre nämlich zu ihm spricht:
"Mein lieber Sohn, so geht das nicht.
Was hier auf diesem Zettel steht, kann ich dir nicht vergeben,
bedenke, auch ein Kohlenhändler muss ja schließlich leben."

Dem Peter wurd es heiß und kalt.
Es war e Verwechslung halt,
was ihm beim Beichte war geschehe -
natürlich, ehrlich, aus Versehe!

De Zettel mit de Sinde, der laach dehaam,
wie er nur zu de Kohlerechnung kam,
dess konnt er sich net erklärn, er hat 's vergesse,
war darum uff de Nachlass der Sinde net mehr versesse.

So hätt's de Peter in de Wertschaft erzählt,
dobei hätt en es Spreche gar net gequält.

Ob die Geschicht wohr odder gelooche,
do du ich heit net mehr denooch frooche.
Sie is zum Schmunzele, dess is gewiss,
aach wenn se vielleicht doch gelooche is.

Ich wollt immer nur glicklich soi

Ich wollt immer nur glicklich soi,
ich wollt immer viel lache,
ich wollt dorch's Lebe gehe ohne Sorje.

Ich war net immer nur glicklich,
ich hab net immer nur gelacht,
ich hot monch Sorje se draache.

Aber was aach immer mich bewecht hot:
Es war moi Lebe,
un ich hab jed Sekund devun genosse.

Die Gas

"Anna!" hert merr de alt Molitor rufe, "Anna, kumm mol her, du musst mer heit was erlediche." Widderwillich kam die Anna aus de Kich, sie wusst, wonn de Vadder gerufe hot, donn hot 's meist in Abeit ausgeart. "Ich bin jo schun do", hot se gemault un kam longsom zum Vadder gedroddelt.
"Horsch zu, Anna, du musst heit die Gas aus em Stall hole und mit der Gas nooch Finthe zum Quick gehe. Die Gas muss die Fußnäel geschnitte kriehe." Nooch Finthe mit de Gas, dess hat de Anna grad noch gefehlt, sie wär viel lieber uff die Gass un hätt mit de Kinner gespielt, als mit der bleed Gas nooch Finthe zum Fußnäelschneide zu gehe. Ob dess ibberhaupt nädisch war, hot se doch sehr bezweifelt. Abber es war halt nix se mache, wonn de Vadder was gesaat hot, do half ko maule, do musst merr gehorsche.
Nooch ner halb Stund war merr in Finthe beim Quick. Wieso der Monn Quick gehaase hot, dess wusst die Anna net. Sie hielt den Name jedenfalls fer sehr bemerkenswert un außergewehnlich. "Guten Daach, Herr Quick, ich soll die Gas bringe. Ihr sollt ihr die Fußnäel schneide."
De Quick, der hot in Finthe gewohnt. Er hat e paar prächtiche Gasbäck un die hat er zur Fortpflonzung gehalle, damit des Gasegeschlecht in de Geschend net aussterbe det. Un wie die kloo Anna donn zum Quick gesaat hot, von weche Fußnäel schneide, do hot de Quick geschmunzelt un innerlich gelacht un hot zu de Anna gesaat: "So, so, zum Fußnäelschneide. No do geb mer doi Gas her, die fiehr ich mol do hinner in de Stall, do is die groß Scher fer die Näel se schneide." Die Anna hot sich nix debei gedenkt un is so bissje uff em Gelände vum Quick erumgeschlendert un hot sich alles emol ohgeguckt.
En Geruch laach in de Luft, markant, streng, Bäckgeruch. "Hoffentlich dauert dess net so long, bis die Fußnäel geschnitte worn sinn, damit ich aus dem Gestonk widder raus kumm." Während die Anna so ihre Gedonke noochhing, is de Quick mit de Gas in de Stall un hot se mit soim beste Bock bekonnt gemacht. Em Quick soi Bäck warn fer ihr Qualität beriehmt, nie hatte se en im Stich gelosse. Dess war schun immer so un nie im Lebe hätt de Quick gedenkt, dass es aach nur omol onnerst soi kennt wie immer.
Die Gas hot jetzt so im Stall rumgestonne un de Bock aach. De Bock hot mol gonz vorsichtich geguckt, irgendwie war er skeptisch, ebbes war do net gonz in Ordnung, ebbes hot en gesteert, soin Instinkt schluch Alarm.
Verständlich mache konnt er sich jo net, sunst hätt er zum Quick gesaat: "Her mol, Quick, mit der Gas do stimmt ebbes net, die is net in Ordnung, ich glaab, dess is gar ko Gas." Abber da er nun mol net spreche konnt, konnt

er jo aach nix saache un hot sich nur demonstrativ vun de Gas abgewendt un se net mehr beacht.
De Quick, der hat die gonz Sach beobacht. Un er war unwillich, weil de Bock die Gas gar net nett behondelt hot. "Vielleicht basst em ihr Geruch net. Vielleicht dut s'em so arich stinke. Soll jo alles vorkumme soi." Abber da er wusst, dass de Gasbock eichentlich en mundere Gesell war un stets freiwillich soi Pflicht als Bock gedoe hot, hot er sich halt aach gedenkt, dass do irchendebbes net stimme det. Er hot die Stalldier uffgemacht un is in de Stall. Donn hat er die Gas longsom beruhichend gestreichelt un se dodebei unnersucht. "Vielleicht is se aach kronk." Mit de Hond is er so ibber die Gas gefahrn, hot sich gebickt, on's Hinnerdeil geguckt un is sprachlos in der Stellung en Aacheblick erstarrt. "Dunnerkeil," heert merr'n do murmele, "Dunnerkeil, Gewidder, en Zwidder" hot er erschittert vor sich hie gesaat. Wie er sich vun soim Schreck erholt hat, hot er ohgefonge se lache, erst leise, donn laut un immer lauder, er hot sich vor Lache gar net mehr oikrieht un zum Schluss hot er keuchend sich aus em Stall gemacht, hot nooch Luft geschnappt un is fix und fertich vor lauter Lache uff em Hof stehe geblibbe. Die Anna hat en lache geheert un hot noch gedenkt: "Wie bleed, mecht mol wisse, was es do se lache gibt, wonn mer de Gas die Fußnäel schneid." Abber Erwachsene warn monchmol so, dess hot se gewusst un hot se net fer gonz voll genumme. Wie de Quick mim Lache fertich war, hot er die Anna gerufe. "Horsch, Mädche," saat er, während er sich mit em große Sackduch die Lachträne aus de Aache gewischt hot, "seest dehaam em Vadder en Gruß. De Bock hätt schun viel Gase in soim Lebe gesehe, abber so e Gas, wie eier Gas, die hätt er noch net gesehe. De Vadder soll de Gas mol richdisch ons Hinnerdeil gucke, donn det er gleich wisse, was los wär. Die Gas is en Zwidder. Merk deer alles genau un saas aach so wie ich 's deer gesaat hab."
Die Anna hot genickt, die Gas on de Kordel genumme un is widder de Berch enuff nooch Draas gedroddelt. Unnerwegs hot se donn zufällich festgestellt, dass die Gas gar net die Fußnäel geschnitte krieht hot, dess hot se aach net verstonne.
Dehaam hot se de Vadder gesucht un wie s'en gefunne hat, do hot se gesaat: "Vadder, de Quick hot gesaat, soi Bäck hätte jo schun viel im Lebe gesehe, abber so e Gas wie unser hätte die noch net gesehe. Du sollst mol de Gas onns Hinnerdeil gucke, donn deste verstrehe, was er meene det. Die Gas wär nämlich en Zwidder."
Die Anna hot gesehe, dass de Vadder blass wurd. Un donn hat er aach schun los gebrillt: "Wass, en Zwidder, dess det eich so basse. Betruuch un Luuch, dess kennt ihr mit mir net mache. Dess loss ich mir net gefalle." Er hot de

Anna die Kordel aus de Hond gerisse un is mit de Gas ins Ort noigelaafe. Korz druff heert die Anna donn de Vadder irgendwo brille un e halb Stund später is er widder es Door roikumme, un on de Kordel hat er e onner Gas. E nei Gas.
Nix hat die Anna vun der gonz Sach verstonne, abber aach gar nix. Un wie se donn die Mudder gefroot hot, was en Zwidder wär, do hot die Mudder schun die Hond gehobe um ihr uff's Ohr zu haache un do wollt die Anna gar net mehr wisse, was en Zwidder is.
Ja, un jetzt kam de Vadder mit ner onner Gas, die war jetzt bestimmt koon Zwidder, weil de Vadder scheinbar Zwidder net leide konnt. Zwidder hie, Zwidder her, die Anna wusst jetzt schun genau, dass se in de nächst Zeit mit de Gas aach widder zum Quick nooch Finthe musst, die hat nämlich, soweit se sehe konnt, longe Fußnäel. Abber dess muss ich unbedingt em Vadder noch saache, dass de Quick jo de Gas gar net die Fußnäel schneid, un wenn der se net schneid, kennt merr sich doch den Weech nooch Finthe eichentlich sparn.
So hot se 's aach gemacht, abber de Vadder hot donn doch druff bestonne, dass se widder mit de Gas de Quick besuche musst. Die Anna nahm 's gelosse, Erwachsene konn merr sowieso net fer voll nemme.

De Gemeindekassierer

Geld, dess war fer uns Kinner nur en Name,
weil selten mir so was in die Finger bekame.
Drum hab ich, als ich zwölf war, e Stell ibbernomme,
um vun dem Geld e bissje zu bekomme.

Zwaa Plätzjer, die nannt die Gemeinde ihr Eiche,
uff dene zwaa, do konnt ich donn zeiche,
ob ich fer's Geldverdiene aach dauche,
ich hab nur gut die Plätzjer zu kehrn brauche.

En Besen, e Schipp un en Omer ebei,
somsdaachs gekehrt, war mehr nit debei,
bei de Geldverdiener. Monchmol war's net leicht,
nooch dene zwaa Plätzjer, do hot's mer gereicht.

De Kerchplatz, es Plätzje, heit Dorfplatz genennt,
die hab ich domols in- un auswendich gekennt.
Jeden Somsdaach hab ich die sauber gemacht,
es hot mer alle Verdeljohr dreißich Mark oigebracht.

Un wenn dess Verdeljohr rum war, do war ich so froh,
die dreißich Mark habe mer so gut jo gedo.
Zu Stauders, do musst ich donn obends hie,
konnt do donn moi dreißich Mark bezieh.

Ehrfurcht hot mich stets ibberkumme,
net nur weche der hohe Summe.
Naa, der Herr Stauder, dess war e Reschpektsperson,
geche den, do waacht ich mir koon fresche Ton.

Im Vorzimmer hot merr waade gemisst,
bis merr on de Reih dro is.
Nur obends hat de Herr Stauder Sprechstund, dess war klar,
weil er nebbeher aach noch berufstätich war.

Gemeindekassierer, so hot merr en genennt,
so habe en alle Draaser gekennt.
Un Kassierer, dess war e Vertrauensomt,
dessweche war er in Draas aach allen bekonnt.

De Nächste war jetzt ich, jetzt war's soweit,
was macht dess Geldverdiene doch e Freid.
„No Hilde, willste doin Lohn dir hole?"
„Ja", saat ich do gonz leise un verstohle.

E groß Buch hat er vor sich liehe,
dovun allo konnt merr schun Ehrfurch kriehe.

Lauter Zahle stande do droi,
schee sauber geschribbe, schee ordentlich, foi.
Dort wurd jetzt moin Name oigetraache,
ohne Ängst, zügich, ohne Zaache.

Dreißich Mark fer Gass kehrn wurd hiegeschribbe,
dess is mer immer in Erinnerung geblibbe.
Kaum hab ich se atme gewaacht,
ach, wonn mich en Hustereiz hätt geplaacht!

Denn störn durfte merr jetzt net, sunst kennt er sich jo verschreibe,
merr musst jetzt mucksmäusjestill halt bleibe.

En Griff jetzt in die Kass, dreißich Mark ribbergereicht,
moin Gedonke: "Lieber Gott, bin ich jetzt reich!"
"Unterschreib emol hier, dass de es Geld host aach krieht,
gonz ordentlich un schee, dass merr es aach gut sieht."

"Vielen Donk aach, Herr Stauder, uff Widdersehn!"
Erleichtert konnt ich haam jetzt gehn.
Die dreißich Mark habe aach net länger gehalle wie heit,
es Oikaafe war domols halt aach e Freid.

De Herr Stauder dut heit net mehr die Draaser Gemeindekasse verwalte,
mit so Kleinichkeite konn de Fortschritt sich net long uffhalte.
Alles wurd greeßer, moderner un schneller in Draas,
alles zu unserem Beste, wie ich selbst jo waas.

Aber monchmol do denk ich, was war des doch schee,
wonn ich uffgereecht un voll Erwadung zu Stauders konnt geh.

Denn domols do ging es Verdeljohr net so schnell vorbei,
heit geht dess gonz schnell, merr seet eins, zwei, drei,
do is es Verdeljohr so schnell erum wie frieher vier Woche,
die schnellebich Zeit, die hot dess verbroche.

Frieher hot merr geschafft, abber mit Ruh,
hat mit Hektik domols nix se du.
Ìn de Ruh, do lieht die Kraft,
dess hatte die Leit domols gerafft.
Dess muss widder kumme un selbstverständlich soi,
donn kennt merr sich trotz viel Abeit om Lebe widder froie.

Dämmerstindche

Wonn's beizeit drauße dunkel war, so im Herbst un Winter, do konnte moi Schwester un ich es obends net abwaate, bis de Vadder vun de Abeit kam. Er is meist mim Fahrrad gefahrn un wonn er donn es Fahrrad mit Schwung on unser Haisje gestellt hot, do wusste mer, jetzt is er do un habbe uns gefreit. Heimlich habbe mir immer gehofft, dass er heit e bissje Zeit fer uns hot, un mit uns e Dämmerstindche halte det. Monchmol hat er koo Zeit, do warn mer enttäuscht. Abber hat er Zeit, do warn mir richtich glicklich.
E Dämmerstindche musst immer in de Kich gehalle wern. Etwa 8 qm hat die Kich. Uff de oh Seit stand e kloo Schränkche, de große wuchtiche Kicheschronk, un in die Eck zwische Schronk un Wond war en Stuhl gezwängt worn. Uff de onner Seit unterm Fenster en Wasserstoo aus Sandstoo, donn kam de Disch un vier Stiehl, un gleich dro stand de Kohleherd.
So en Kohleherd mim Wasserschiff un en Deckel druff. Die Herdplatt uff de Feierstell hat lauter Eisering. Hot's Feier gebrennt, un merr wollt vun obbe donn noch Holz druff lehe, musst merr mim Scheerhooge die onselne Ring raushebe, weil merr sich sunst dro verbrennt hätt. Um de Herd erum e Geländer. On dem konnt merr die nasse Abtrockenhonddischer odder im Winter die steif gefrorene Strimp, Hose un Pullover zum Trockne uffhänge. Links vorne om Kohleherd warn drei kloone Diercher fer se öffne. Hot merr es erste Dierche uffgemacht, konnt merr Holz, Kohle odder Briketts noi schiebe. Hinnern zweite Dierche war der Äschekasten. Damit die Äsch gut dorchfalle konnt un damit die Glut beliftet wurd, musst merr so en Hebel aus Eise hie un her beweche. Rechts im Kohleherd war de Backofe, in dem habe die Kucheforme drinn gestonne oder im Winter die nasse Schuh un die eiskalte Fieß. Gonz unne war de Kohlekaste, in dem war dann es Brennmaterial drinn uffbewahrt.
De Kohleofe war domols fer die Hausfraue wie e Aushängeschild. Noch em Koche hat merr erst mit Schmirchelbabier de Rost uff de Herdplatt abgeribbe. Donn wurd uff die Herdplatt Enablitz geschitt un mit em Lappe gut verribbe. Dess war so e weiß Flissischkeit in em braune Glasfläschje drinn. Donn nahm merr Zeitungsbabier un hot alles widder abgeribbe, so long, bis die Herdplatt nur so geblinkt hot. Ja, un dass merr mit so em Kohleherd noch ebbes onnerster mache konnt, als nur koche un backe, dess hot uns domols de Vadder beigebrocht.
Wonn er also haam kam, hot er erst was gesse un donn ging's los. Abber wie gesaat, erst wonn's drauße ohgefonge hot se dunkele odder schun dunkel war. Es Licht wurd ausgeknipst, es Ofediersche uffgemacht. De Vadder hot

sich uff den Stuhl in de Eck gesetzt un moi Schwester un ich, mir sinn ohns hibbe, ohns dribbe, schnell uff em Vadder soin Schoß gekleddert. De Vadder hot soi starke Ärm um uns geleht un uns festgehalle, un donn hot er uns Geschichte erzählt.
Alles war dunkel um uns erum, nur aus em Ofediersche hot mer de Feierschoi vun de Kohleglut scheine geseh. De Wasserkessel uff em Herd hot leise vor sich hiegesummt. Die gonz Kich war schee mollich warm un de Feierschoi hot die Kich fer uns Kinner in e Traumwelt verwondelt.
Es war, als dete die Schatte on de Wänd lebendich wern und sich in die Figurn verwondele, von dene unsern Vadder uns so ohschaulich erzähle konnt. Atemlos habbe mir zugeheert, Freid un Leid in dene Geschichte om eichene Kerper miterlebt. Die Geschichte warn all selbst erfunne, de Vadder hot debei es Blaue vum Himmel gelohe, abber uns war dess egal, mir fande dess gonz toll. Monchmol warn die Geschichte traurich, abber meist warn se doch lustich un mir musste arich lache.
Je nochdem, wie er donn Lust hat, hot er long odder korz erzählt. Abber sobald mir gemerkt habbe, de Vadder wollt net mehr, do habbe mir gebeddelt: "Weiter Vadder, weiter, net uffheern, es is doch so schee."
Ich erinner mich noch genau dro, wie geborge mir uns uff em Vadder soim Schoß gefiehlt habbe, so zufridde, so glicklich. Abber omol muss jo doch Schluss soi, un de Vadder hot widder es Licht ohgemacht, dess kalte, helle, grelle Licht.
Mir habbe en Aacheblick gebraucht, um widder in die Werklichkeit serick zu kehrn. Die Kich war uff omol net mehr so mollich warm, die Glut vun de Kohle net mehr hell, un de Wasserkessel hot net mehr so friedlich gesummt, un mit de Geborgenheit war's aach vorbei. Es war ernichternd. De Vadder hat donn noch ebbes zu erlediche un mir Kinner habbe widder weiter gespielt, odder halt irgendebbes gemacht. Abber es hot doch e Zeit gedauert, bis mir uns von dem Zauber, dem Bann, der uns in de Dämmerstund gefonge gehalte hot, widder befreie konnte, un unser normale Gefiehle widder uffgetaucht sinn.
De Vadder is schun long net mehr bei uns. Abber wonn's en noch geeb un mir unsern Kohleherd noch hätte, donn det ich mir winsche, dass er unser Kinner aach emol uff soim Schoß halte det, soi Ärm fest um se geleht hätt, es Kohledierche uffstehe det, de Wasserkessel sollt widder summe, un unser Kinner sollte nur omol die Geborgenheit spiern, die merr nur in so em Dämmerstindche, im Dunkele, om offene Ofedierche erlebe konnt.

Dess soll ohn Mensch versteh!

En Hund derf net mehr belle,
en Hahn derf net mehr krähje,
die Kinner net mehr kreische -
was is donn do geschehe?

Die Autos jedoch derfe
laut dorch die Stroße fahrn,
un aach die Auspuffgase,
die find merr gonz normal.

En Ponzer, laut un riesisch,
der macht doch soviel Krach,
derf ungesteert laut fahrn,
do macht koon Mensch mehr Jacht.

E Fluchzeich flieht om Himmel,
sieht wunderbar do aus,
doch flieht,s e bissje diefer,
hält mer,s vor Lärm net aus.

So kennt merr weidermache,
mit dausend Sache hier,
merr kennt aach dribber lache,
wonn‘s net so traurisch wär.

En Hund derf net mehr belle,
en Hahn derf net mehr krähje,
die Kinner net mehr kreische -
dess soll ohn Mensch verstehe!

Er hot's genau gesehe, die Großmudder hat unne in ihrm Nachtdischschränkelche e Flasch Schnaps stehe. Dess hot ihn gewunnert, weil er die Großmudder noch nie gesehe hot, wie se en Schnaps getrunke hot. So ebbes wär de Großmudder gar net in de Sinn kumme, un jetzt hot se jo unne im Schränkelche e Flasch stehe. Sehr mysteriös.

Zwölf Jahr war er alt, un er war in dem Alter, wo alle Bube neigierich sinn un so kam er uff die Idee, vun dem Schnaps emol zu probiern. Dess hot er aach gemacht. Er hot sich genau gemerkt, wieviel e Maul voll Schnaps war, un hot immer, wonn er getrunke hat, den Schnaps widder mit Wasser uffgefillt. So ging dess einige Zeit. Es ging aach alles gut, die Großmudder hot scheinbar nix gemerkt. Eines obends kam er zufällich ins Zimmer vun de Großmudder. Die Großmudder hot uff em Bettrond gesesse, die Strimp hat se ausgezohe un was en stutzich hot losse wern, war die Tatsache, dass die Großmudder die Schnapsflasch in de Hond hat. Ja, ja, ei die Großmudder, die trinkt jo doch Schnaps, dess hätt er nie fer möchlich gehalle. Dess wollt er sehe, also is er stehegeblibbe un hot druff gewaad, bis die Großmudder en Schnaps trinkt. Die Großmudder hot abber net getrunke, die Großmudder hot obbe aus de Schublad vun ihrm Nachtdischschränkelche e bissje Watt erausgeholt, hot den Wattebausch on die Schnapsflasch gehalle, die Flasch uffe de Kopp gestellt un hot mit dem schnapsgetränkte Wattebausch sich gonz longsom ihr Hihneraache oigeribbe.

Kerzegrad hot er do gestonne. Kreidebleich soi Gesicht. Die Großmudder hot gesaat: "Bub, was is donn, host du ebbes, is es dir net gut? Du siehst so komisch aus." Er konnt nur de Kopp schittele, konnt nix mehr saache, soi Pubille warn weit geöffnet un er wusst, er musst jetzt naus on die frisch Luft, sunst konnt er fer nix mehr garandiern.

Die Großmudder hot niemols was erfahrn von dem heimliche Schnapstrinker. Abber ohns hot sich bis heit noch net geleht, Schnaps trinkt moin Monn heit noch net so gern, irgendwie konn merr dess jo aach verstehe.

Buserlebnis

In Meenz om Hauptbahnhof war's, ich musst in die Stadt un hab in de Sibbzeh gestonne. Es war ziemlich voll un im vordere Teil vum Bus habbe ibberwiechend ältere Leit gesesse. Sie habbe sich unnerhalle un warn guter Dinge. Plötzlich kumme vorne nebberm Fahrer zwaa Männer rinn. Mer hot sofort gemerkt, dass dess Kontrolleurn warn. Direkt hinnerm Fahrer hot en alte Monn gesesse un wie der die Zwaa gesehe hot, hot der gesaat: "No wie, ihr Bauern." Vereinzelt war Lache se heern. Nur die, die sich ohgesproche gefiehlt habbe, dene is es Lache im Gesicht gefrorn.
Der one vun de Kontrolleure war en schmale Monn, der onner war en korpulente. Der Korpulente hot sich höflich on den alte Monn gewendt und gesaat: "Entschuldigen Sie bitte, abber mir sinn ko Bauern." Der alte Monn hot en nur korz ohgeguckt, gegrinst un donn hot er laut in de Bus enoi gesaat: "Dess konn aber net soi, du host nämlich en Kopp wie en Ochs." Jetzt habb ich gedenkt, die Post geht ab. Die Leit drum erum habbe all de Kopp nooch unne gehalle. Merr hot abber om Zucke vun de Schuldern gesehe, dass se alle furchtbar lache musste un vereinzelt hot merr aach so e leicht Pruste geheert. Ich selbst musst ungewollt aach grinse, obwohl ich die Bemerkung sehr fresch fand vun dem alte Monn.
Der mit dem Ochsekopp is feierrod ohgelaafe. Merr hot geseh, dass er dem Alte om liebste on de Hals wär. Abber so en alte Monn se schlaache, aach noch in de Öffentlichkeit, do hätt kooner Verständnis gehabt. Voller Wut un mit hochrotem Kopp hot er sich donn erum gedreht, hot soin Abeitskollech ohgeguckt un muss in dem Gesicht vun soim Kollech aach e verdächdisches Grinse bemerkt habbe. Er war jedenfalls stinksauer.
Die zwaa Kontrolleure wollte jo eichentlich kontrolliern. Abber sie habbe es gelosse. Die Leit habbe nämlich noch immer nooch unne geguckt un die Schultern habbe immer noch furchtbar gezuckt un wonn die jetzt kumme wärn un hätte gesaat: "Die Fahrkarten, bitte", donn wär de Deibel los gewese. Dess wär e Lacherei gewese un die Plamaach, die wollte sich die Kontrolleure doch net gebbe. Sie habbe es also soi losse. Es war fresch, was der Alte do vun sich gebbe hot, dess war klar, un er hot sich uff Koste vun dem Kontrolleur lustisch gemacht. Abber wonn ich ganz ehrlich bin, ich fand dess Gonze zum Schieße.

Spätestens wonn se unne beim Eis-Peter um die Eck kame, war uns klar, die Nacht war fer uns so gut wie erum. Die Hausdier heert merr uffgehe un donn is de Draaser Gesongverein unner Hallo un Gelächter mitte in de Nacht bei uns oigefalle. Zuerst wurd die Mudder gerufe, die hat se aach schun geheert und war bereits sich om Ohziehe un enunner Gehe. Die musst fer die gonz Bloos Eier backe. Hatte mer genuch dehaam, war‘s gut. Hatte mer net genuch, donn sinn e paar Männer haam, habbe Eier un Brot geholt, damit‘s fer se all gelongt hot. Zwibbele wurde pundweis geschnitte un ohgebrote. Dreißich, verzich, vielleicht aach fuffzich Eier in ner Schissel geklebbert un ohschließend ibber die gebrotene Zwibbele geschitt. En Geruch is dorch‘s Haisje gezohe, der hot uns Mädcher obbe in de Bette aach es Wasser im Mund sesamme laafe losse. Liehe bleibe konnte mir sowieso net, weil de Schäfer Karl unne on de Trepp gestonne is, un immer gerufe hot: "Ihr Meed, auf, erunner!" Wenn er dess oft genug gerufe hat, wusste mir, er heert net eher uff, bis mir unne sinn. Donn sinn mer halt uffgestiehe un enunner. Die gonz Stubb war voll Gesongverein. Die meiste habbe gestonne, weil die paar Stiehl, die mir hatte, net fer se all gelongt habbe. Mir habbe aach ebbes vun dene Eier abkrieht un musste bei de Männer sitze un uns dene ihr Gebabbel, dene ihrn Unfug mit ohheern.

Es meiste hab ich vergesse, abber oh Ereignis net, dess is mer ewich in Erinnerung geblibbe. De Karl hat widder emol gerufe: "Auf, ihr Meed, erunner!" Un mir sinn donn aach wie immer enunner. Unne e Bild, dess hat Seltenheitswert. De Vadder sitzt uff soim Stuhl. Uff soim Schoß sitzt e Hinkel. Er hot‘s immer gestreichelt, un ich heer en heit noch saache: "Net, losst doch dess arme Hinkel lebe, es is doch noch so jung." "Nix, es muss dro glaabe", habbe die Onnern gesaat, "es leht sowieso koo Eier mehr." Ehe mir noch was saache konnte, hatte die dess Hinkel gegriffe, sinn ab in de Hof un habbe des arme Hinkel en Kopp kleener gemacht. Mir is es eiskalt de Buckel erunner gelaafe un vun dem Hinkel hab ich aach koon Bisse zu mir genumme. Unser Mudder hot immer gesaat, dess werd doch sowieso heit Nacht net mehr gar, losst‘s doch bleibe, abber es hot alles nix genitzt. Die Mudder hat Recht. Nooch zwaa Stunde koche war‘s immer noch net gut. Dene Männer vum Gesongverein hot dess nix ausgemacht, die habbe es halt zäh gesse. Während se dess Hinkel gesse habbe, is es donn drauße longsom hell worn. Zufriede un satt sinn se mit em Abschiedslied die Dier enaus.

E onner Geschicht, die det normalerweise jetzt hier ende. Abber net die hier. Denn oons muss noch erklärt wern. E Hinkel war jo domols ebbes Beson-

ders. Un wonn's geschlacht worn is, donn meistens am Wochenend, damit merr fer sunndaachs e gut Esse hat. Dess Hinkel, vun dem ich die gonz Zeit erzähle, dess wurd abber Mitte in de Woch geschlacht, un in der Begebenheit lieht donn aach ebbes Tragisches. Denn dess arme Hinkel is einer folgenschweren Verwechslung zum Opfer gefalle. Die gonz Sach war so. Eichentiemer, also Besitzer vun dem Hinkel, dess war de Mumme Heinz. Der war abber net nur Besitzer vun ohm Hinkel, naa, der besaß sogar zwaa. Mit dem ohne war er jo sehr sefridde, dess hot em Eier geleht, grad wie sich's halt fer e gut Huhn geheeert. Dess onner, mit dem war er net sefridde. Dess hot halt wenich, monchmol gar koo Eier geleht und war in absehbarer Zeit fer es Kochdippe schun vorgesehe. No ja, un wie's halt so war, er hot dess während de Gesongsstund erzählt un e paar Sänger habbe nooch de Probe so long gehetzt, bis de Heinz haam is on de Hinkelstall, im Dunkele, es Hinkel geschnapp hot un dess halt bei uns gebrocht hot. Was sich donn ereichnet hot, hab ich jo schun erzählt. Es Hinkel wurd niedergemacht.
Jetzt konn merr sich schun longsom denke, wenn merr achtgebasst un mitgedenkt hot, was jetzt kimmt. De Heinz hot nämlich im Dunkele in de Stall gegriffe - un genau! Genau dess war bassiert: Er hot soi Lechehuhn, dess brave, dess immer treu Daach fer Daach Eier geleht hot, dess hot er aus Versehe geschnappt un dess war fer dess arme Lechehuhn halt sehr tragisch. In der Nacht, als merr dess verzehrt hot, hot de Heinz aach om Geschmack nix gemerkt. Abber de nächste Daach, als soi Fraa donn morjens on de Hinkelstall kam un in dem Stall nur dess ohne Hinkel erum gelaafe is, dess wo fer die Supp vorgesehe war, un vun dem onnern weit un breit koo Spur, do is die Elfriede misstrauisch worn und hot de Heinz gefroht, wo dess Hinkel wär, dess immer die gute Eier geleht hot. Wie de Heinz gemerkt hot, was sich do fer tragisch Verwechslung in de Nacht abgespielt hot, do is em gar net besser worn. Denn e gut Lechehuhn war domols noch soi Geld wert. Er hot donn de Elfriede alles gebeicht un merr hot sich halt damit abfinne misse, dass merr jetzt net mehr so viel Eier hat wie sunst immer. Soviel ich waas, war dess aach es letzte Hinkel, was de Heinz em Gesongverein spendiert hot. Verstehe konn merr dess jo aach. Abber wenn dess alles net bassiert wär, un de Heinz hätt es richdische Hinkel verwischt, hätt ich die Geschicht net uffschreibe kenne un drum bin ich froh, dass se bassiert is.
Abber ohns wollt ich mit moiner Geschicht aach noch unbedingt zum Ausdruck bringe. Alles, was in dene Nächte bassiert is, wo de Gesongverein bei uns odder bei Onnern getaacht, gelacht un gesunge hot, dess hot jo aach ziemlich Krach verursacht. Abber die Nachbarschaft domols, dess war noch e toll Nachbarschaft, un wonn's dene so laut worn is, donn sinn se halt

uffgestiehe, habbe sich ohgezohe un habbe mitgemacht. Dene wär's domols im Traum net oigefalle, um Ruh serufe. Die habbe geduldich gewaat, bis der Zirkus erum war und die Laache sich widder beruhicht hatte. Un hot merr sich donn morjens getroffe, hot's meist nur gehaase: "Gestern Nacht war bei eich jo widder schwer was los." Kooner hätt die Polizei gerufe, merr hot so Sache domols akzeptiert. Heit muss merr Ricksicht nemme in der Hinsicht, obwohl es Lebe in onnern Bereiche ricksichtsloser worn is als je zuvor.

Ständiche Begleiter

De Mensch geht net allons dorch's Lebe,
fünf Mächte dun stets en begleide.
Die Lieb, die Freid, dezu es Leid,
Gevadder Hass und Dochter Neid,
sinn ständich on soiner Seide.

Die Freid dut gut, die hot merr gern,
uff's Leid kennt merr verzichte.
De Hass is schlimm, er lässt de Mensch
es Lebe net gut verrichte.

De Neid jedoch is gonz gemein,
er lässt de Mensch net schloofe.
Er dut zu jeder Daacheszeit,
ihn als gonz mächtich plooche.
Merr werd en aach so schnell net los,
merr konn sich noch so winde,
un is de Neid noch riesengroß,
konn merr koo Ruh mehr finde.

Vun dene fünf, es scheenste doch, dess is die Lieb, gonz klar.
Sie gibt om Kraft, die onnern vier im Lebe zu ertraa.

"Christopher," hot unser Oma zu moim neunzehjähriche Neffe gesaat, "Christopher, ei guck doch emol, Bub, du host jo vergesse, doi Turnschuh zusebinne." De Christopher, fast on de zwaa Meder groß, Schuhgreß 47, hot die Oma nur mitleidisch ohgeguckt, gegrinst un gesaat: "Naa, naa, Oma, dess is schun richtich so, dess hot merr heit so." Die Oma hot gedenkt, er wollt se veruhtse un e bissje verärjert gesaat: "Was, dess träht merr so, dess gibt's doch gar net, ei do stolpert merr jo dribber un fällt vielleicht aach noch hie." "Is schun gut, Oma", kam's kuhl eribber un de Christopher hot's Weite gesucht, bevor die Oma noch mehr Einzelheite ibber die offene, net gebunnene Turnschuh wisse wollt. Was sollt er ihr aach erklärn? Es gab jo gar nix zu erklärn, er wusst's jo selbst net, warum merr die Turnschuh net zubind, es war ebe grad modern, un er war bereit, dess zu akzeptiern, denn er wollt jo uff koon Fall fer altmodisch gehalle wern. Also hot er vun de Oma erwart, dass die dess aach akzeptiert. Abber ich glaab, er hot do e bissje zuviel vun de Oma erwart, denn die Oma hot long gebraucht, um zu begreife, dass dess ebe heit so is.

Ich selbst hat do aach moi Probleme demit, abber ich bin jo jinger wie die Oma un was soll ich mer's Maul fronselich babbele, vun weche macht eier Turnschuh zu, sunst fallt er dribber. Dess erspar ich mer, weil mit verrickte un junge Leit konn merr net diskudiern. Heit is dess mit de Mode halt ofach. Wonn ich morjens e Blus vun mir such un se net finn, do waas ich genau, dass se ohne vun moine Dechder ohhot un versuch, moi Wut deshalb in Grenze se halle. En Wutausbruch, der kost mich nur Nerve, un vun dene hab ich sowieso net mehr viel, un außerdem nitzt es jo doch nix, wonn ich mer dess verbitte, dass jemond onnersder außer mir moi Bluse träht. Die Jeans vun moim Monn sinn aach sehr begehrt, abber noch begehrter sinn soi Hemde und Jacke. Aach wonn er zum Beispiel Strimp braucht, waas er genau, wo er se se suche hot: Immer bei de Meed.

Letzt kam er fassungslos ham un hot gesaat: "Stell der mol vor, was mer ebe bassiert is. Ich bin jo ebe doiner Dochter ihrer Freundin begechnet, un rote mol, was die ohhat? Moi Hemd, moi herrgottsbest Sunndachshemd." Fassungslos hot er de Kopp geschittelt un konnt sich kaum oikriehe. Ich hab gonz ruhich gesaat: "Monn, mach dich locker, bleib kuhl, do musste dorch. Bleib ruhich un steh ibber dere Sach, do fährste om beste debei. Guck emol mich oh, ibber so ebbes rech ich mich gar net mehr uff. Aach wonn e T-Shirt Lecher hot, un ich mir erzähle losse muss, dess wär "affegeil", donn akzeptier ich dess, muck net uff, versuch nix se denke, schittel jeden negative Gedonke ab."

Nur omol, als die Barbara, dess is unser Jingst, sich e paar Jeans kaafe wollt, mit große ausgefronselte Lecher drinn, die aach noch hunnert Mark koste sollte, do hab ich dorchgedreht, mich quer gestellt, dess kam fer mich net in Fraache, dess ging mer absolut geche die Nadur. Alles konnt ich bis jetzt schlucke, abber dess mit dene Lecher net. Ei frieher hätt mer gesaat, mein Gott, was fer e Zores, laafe mit Lecher in de Hose erum.
Mit Frieher derf ich moine Kinner gar net kumme: "Mama, mir lebe heit un net frieher, un dass ihr so altmodisch ward, dodefer kenne mir jo nix." Ich hab zwaa Mädcher. Un ich det mer jede nur omol in em scheene Klaad, odder em scheene Rock winsche. Abber alloo dess Wort "schee" rieft e Revulotion ins Lebe. Schee soi derf heit nix, uff koon Fall. Mer will jo net uffalle. Longe Jogginghose wern morjens fer die Schul ohgezohe. Kumme se middachs ham, sinn die Knie vun dene Hose gonz furchtbar ausgebeult. Ich muss donn lache, denn die Knie hat moin Vadder frieher aach in soine Hose gehabt. Wenn ich dess donn de Kinner erzähl, donn saache se: "Siehste, de Oba war ebe modern."
Wern mir heit uff e Hochzeit oigelade, so wie letzt, donn kriehe mir mit de Garderobe Probleme. Ich un moin Monn jo net, abber die Kinner. Die Meed, die misse nei oigekleid wern, denn die besitze jo nix außer T-Shirt, Jeans und Turnschuh. Was dess heeßt, dess konn mer nur nochvollziehe, wonn mer selbst Kinner hot. Kinner, die in de heidich Zeit groß wern. Als erstes sucht unser Ältest in gonz Meenz noch ebbes Ohständichem zum ohziehe. In Meenz, werklich, in gonz Meenz gibt's nix Verninftisches fer moi Dochter, un so fährt se halt nooch Wiesbade. In Wiesbade wollt se es aach schun uffgebe, do is er jo in de letzt Sekund en Rock un e Blus begechnet, welche einigermaßen ihre Vorstellunge entsprach. Freudestrahlend kam se ham un hot mer ihr Neierworbenes gezeicht. Ich hab moi Gesichtsmuskele in Schach gehalle un gesaat: "Och, wie schee". Un es hot mich geärjert, dass ich aach noch so donkbar debei gewese bin un furchtbar erleichtert. Donn kimmt die Hochzeit, de Rock un die Blus oh, aber gleich, wonn's jo ging, direkt noch de kerchlich Trauung widder aus, un in de alte Krempel gehippt. Geht nadierlich net, abber der Wunsch wär durchaus denkbar. Nooch de Hochzeit verschwindt de Rock und die Blus im Schronk, un es konn bassiern, dass die do niemols mehr rauskumme. No un? Kuhl bleibe, Ruhe bewahrn, mit de Zeit gehe, so kimmt merr om beste mit de heidich Zeit klar.

"Liebche," hot moin Monn zu mir gesaat, "Liebche, zieh dich oh, mach dich foi, mer gehn heit obend mol esse." Wonn's ums Esse geht, bin ich immer debei, saach niemols naa un hab mich so aach riesich gefreit. De Kinner habbe mer nix gesaat, weil, die wolle donn vielleicht aach mit, un mir wollte ofach emol allo soi. Also habbe mer uns in die Reih geschafft, uns gebutzt un sinn zum Esse gefahrn.

Moin Monn hat geheert, dass in Stadecke-Elsum drauße Kerb wär. Wie wär's donn mol mit Leberklees. Ja, Leberklees wärn net schlecht, also fahrn mir nooch Stadecke-Elsum. Es Wetter war gut, die Geschend schee, warum sollt uns dess Esse drausse in Stadecke-Elsum net schmecke. In so em Woigut habbe mer zuerst emol e Glas Woi getrunke. Es war arich kalt un so habbe mer beschlosse, hier nix se esse, mer wollte lieber in en Gasthof, dort wär's wenigstens warm. Dort sinn mer donn aach hie. Unne war alles besetzt, mir musste in de Saal enuff. En Platz war aach gleich gefunne, abber leider so ohner, wo merr mit em Ricke zu den Leit sitze musst. Dess hot uns net behagt. Abber mir warn gewillt, gute Miene zum schlechten Sitze se mache. Neber uns habbe se die Leberkleesportione uffgetraache. Mir habbe se uns so aus de Aachewinkel eraus betracht. Un da mir uns mit de Greße vun Portione gut auskenne, wusste mir uff de erste Blick, dass hier ebbes net stimme dut. Die Portione warn um es gewisse Etwas zu kloo.

Kooner hot e Wort gesaat, unauffällich sinn mer uffgestiehe, habbe unser Jacke ohgezoe un dess Lokal un somit die kloone Leberklees verlosse. Mir wollte jetzt nooch Essenum, dort gab's nämlich aach e schee Lokal, des heeßt "Zum Domherrn" un dort hatte mir schun emol kestlich gespeist un mer misse jo net unbedingt Leberklees esse, mir sinn do flexibel. Unser Mäche habbe sich longsom gemeld un mir habbe gemacht, dass mir nooch Essenum kumme sinn.

In Essenum habbe mer erst emol e Zeit gebraucht, um en Parkplatz se finne. Donn sinn mir erwartungsvoll un mit viel Vorfreid uff dess Esse in die Kneip. Merr hot uns kaum beacht, wie mer noikumme sinn. Uns war dess egal, die Hauptsach, mir hatte bald was uff em Deller. Die Jack ausgezooche, on de Disch gesetzt un gewaad. Ja, gewaad un gewaad. Nooch zwonzich Minute kam de Kellner un hot uns die Speisekaart gebrocht. Dess war jo schun emol en Fortschritt. Mir habbe sofort gewusst, was mir wollte, weil, dess was mir wollte, wurd vor paar Minute on uns vorbeigetraache, hot kestlich geroche un die Portione warn sehr ohsprechend. Jetzt wollte mer also bestelle. Un mer wollte was trinke, alles Sache, die jo zum gute Esse geheern. De Kellner war net mehr se sehe. Mir habbe gewaad. Mir hatte jo Zeit, nur morje frieh wollte mer wenigstens pinktlich uff die Arbet kumme. Um uns erum die kestlichste Geriche un weit un breit koon Kellner zum Bestelle. Mittlerweile warn fast 30 Minute vergonge, mir habbe immer noch, obwohl uns jeder sehe konnt un mir net se ibbersehe warn, halb verhungert om Disch gesesse un vum Kellner weit un breit koo Spur. Doch, do jetzt is er im Kumme, abber weit gefehlt, er hot uns gar net beacht un is widder fort. Jetzt kame uns Zweifel, wollte die uns net bediene, vielleicht weil die wusste, dass mir Draaser sinn. Un die Draaser und die Essenumer habbe frieher beim Fußballspiele als Mordszirkus gehabt.

Also, egal was aach war. De Kellner kam net bei. So geht's jo net, die kenne jo net mit uns mache, was se wolle, die kenne uns emol. Mir verlosse dess Lokal, schließlich gibt's jo noch wo onnersder was se esse. "Ich mach deer en Vorschlaach", saat ich zu moim Monn, "mir fahrn zum Kastel Pfaffenstein, dess leiht bei Maijeborn un dort konn merr prima esse." "Gut", hot moin Monn gesaat, "mer sinn jo erst e Stund unnerwegs." Also nooch Maijeborn. Dort musste mer erstemol nooch em Wech frohe, nooch dem mer e Verdelstund kopplos dorch's Ort gefahrn warn. De Erste, wo mer gefroht habbe, wusst aach tatsächlich de Wech. Zeh Minute hot er uns de Wech erklärt, un zum Schluss hot er gesaat, dass dess Kastel Pfaffenstein schun seit Johre geschlosse hätt un dort nix mehr wär. "Dess hätt er aach gleich saache kenne" hot moin Monn gesaat, "un hoffentlich hab ich mich net bei dem ohgesteckt, der hot nämlich de Schnuppe un hot mir direkt dorch's Fenster ins Gesicht gesproche. Ich konnt jed Bazill onsel erkenne." E bissje warn mir frustriert.

"Macht nix," hab ich gesaat, "fahrn mer halt zum Babbelnit nooch Finthe. Den kennst du aach noch net, dort konn merr aach gut esse." Mittlerweile warn unser Mäche schun laut se heern, sie warn ungeduldich. Nur die Nerve behalle, mir sinn in paar Minute in Finthe. Vorm Babbelnit habbe mer gehalle un musste feststelle, dass de Babbelnit heit Ruhedaach hat. Macht nix, in Finthe gibt's noch genuch Restaurants, mir kriehn schun unser Schnitzel. Also habbe mer en Parkplatz gesucht, sinn ausgestiehe un habbe uns uff die Suche gemacht nooch em gute Schnitzel. "Mer gehn in die Kron, mer leiste uns heit emol was, schließlich hast du jo Geburtsdaach gehabt un do loss ich mol was springe." Gut, in die Kron.

Moin Monn hot gesaat, ich muss sowieso uff em schnellste Wech in e Kneip, ich habb so Maachezwicke. Ich wusst, warum er Maachezwicke hat, er hat de middach en gonze Pott voll mit Rhabarber gesse un dess drickt naddierlich. Ich habb mich ins Kronestibbche gesetzt, de Kellner kam aach gleich un hot

sich sichtlich gefreit, mich se sehe. Während moin Monn uff de Toilette war, habb ich die Speisekaad studiert. Un während ich studiert hab, war mir sofort klar, dass mir hier völlisch fehl om Platz warn. Selbst wonn er sehr großzigisch wär, mer wollte jo net dess Lokal kaafe. De Kellner kam Gott sei Donk net un hot gefroht, vun weche Trinke. Wie moin Monn endlich do war, habb ich nur moi Jack genumme, ihm gewunke un mer habbe still un heimlich dess Lokal verlosse.
No ja, jetzt gehe mer halt in die Traube. Halt, Vorsicht, erst die Speisekaad lese. Mer habbe se gelese, nur gonz korz, habbe uns on de Hond krieht un sinn donn weiter. Jetzt gehe mer zum Bebbeler. Oh ja, habb ich mich gefreit, do gibt,s gut Esse. Mer misse uns beeile, mich drickt,s schun widder so. Mir uns beeilt, de Bebbeler hat zu. Moim Monn habbe dicke Schweißtroppe uff de Stern gestonne. Also gut, gehen mer in die Scheier. Abber dort war merr schun om Schließe un ich hab gesaat, "so longsom krieh ich Wut, de Maache hängt mer uff em Bodden, ich will jetzt was zu esse. Do vorne gibt's en Italiener, der hot uff, dort gehen mer jetzt hie." Also ins Auto gesetzt, direkt vor de Dier habbe mer en Parkplatz krieht. Endlich war unser Odissee zu Ende. Endlich kriehn mir was se esse. Moin Monn seet zu mir: "Gucke mol, hinne on moine Hose, sieht merr do was?" "Was soll merr donn do sehe?" "Ei guck doch emol", hot er gonz verzweifelt gesaat, un do hab ich geguckt un er hot kleinlaut gesaat: "Ich habe de Rhabarber falsch berechnet."
Mer sinn donn haam gefahrn, habbe uff e Schnitzel verzicht, habbe uff die Pizza verzicht, habbe uns dehaam e paar Brote gemacht un sinn ins Bett. Ich hab versucht, net viel se denke, nur ohns, morje is jo aach noch en Daach, vielleicht kriehn mer do unser Schnitzel. Abber Achtung, dass de Alte net widder so viel Rhababer isst. Donn habbe mer im Bett geleh un sinn so unsere Gedonke noochgehonge. Pletzlich seet moin Monn: "Mein Gott, wonn ich on die schee Domherrn-Platt denk, was do alles druff war, wie gut die geroche hot un wie gut die ausgesehe hot, mir lääft es Wasser im Maul sesamme." Ich hab nix gesaat, habb nur Feist unner de Beddeck gemacht un hab versucht, dess Zucke, dess in moine Feist war, unner Kontrolle se halle.

"Dess konn ich deer saache, die Woch kriehste koo Daschegeld." Streng hot dess moi Schwester zu moim Neffe Tobias, zehn Johr alt, gesaat und was die seet, dess hält die aach. Mit ihrm Monn hat se alles abgesproche. Moi Schwester hat nämlich morjens mit de Post en Brief krieht. Un wie sie den uffgemacht hot, do hot se geglaabt, sie sieht net richdich, do war dess jo e Ohzeich vun de Polizei. Ihr Sohn wurde beim freihändichen Fahrradfahrn im Supermarkt ertappt und dezu verurteilt, fünf Dollar Strof se zahle. Jetzt war ihr alles klar. Die gonz Woch war de Tobias gonz brav gewese, verdächdich brav gewese. So brav, dass dess moiner Schwester schun uffgefalle is. Er werd mer doch net kronk wern, hot se schun gedenkt, un schun en Arztbesuch in Erwägung gezohe. Kronk war er net, er hot nur die Hose voll gehabt. Also jetzt war die Ohzeich halt kumme, un moi Schwester hot zuerst gemeent, es wär en Scherz. In Deutschland konn mer jo net mim Fahrrad im Supermarkt erumfahrn, do is es jo zu eng dezu. Aber in Australien, do habbe se zu der Zeit gewohnt, do war so was möglich, weil's do riesische Supermärkt gibt. Wie moi Schwester dess donn gerafft hot, hot se ihrm Monn Bescheid gesaat un heimlich habbe se jo doch lache misse. Hauptsächlich aber dessweche, weil de Tobias so verdächdich brav gewese war. Jetzt war ihne aach klar warum. „Mein Gott Tobias, warum hoste donn nix gesaat, hoste donn ko Vertraue zu uns?" Em Tobias ging's gar net so um's Vertraue habbe odder net, fer ihn war halt die Sach schlimm. Die gonz Woch hat's en gequält und jetzt, wo die Ohzeich do war un alles eraus kam, do war em wie als wonn em e Zentnerlast vun de Seel falle det, un er war bereit, soi Strof wie en Monn zu traache. Also wie om Ohfong schun gesaat, streng warn se. De Tobias war so froh, un die oh Woch ohne Daschegeld hot er gern in Kaaf genumme un is frohen Herzens widder zum Spiele.

Verzeh Daach später, merr hot obends gemiedlich beim Glas Woi sesamme gesesse, kam merr donn noch mol uff die Ohzeich se spreche un merr hot jo noch emol vun gonzem Herze dribber lache misse. "Och Ludwich, wo mer grad debei sinn", hot moi Schwester gesaat, "waaste, ich muss der ebbes beichte. Ich hab's net ausgehalle mim Daschegeld, er hot mer jo doch so leid gedoe, weil er jo die gonz Woch so e Ängst ausgehalle hot, ich hab em soi Daschegeld doch gebbe." Zuerst hot de Ludwich nix gesaat, donn hot er schallend ohgefonge zu lache un unner Lache und mit tränende Aache hot er donn gesaat: "Der Bonkert, koon Ton hot der mer devun gesaat, wie ich em es Daschegeld aach gonz heimlich zugesteckt hab. Un weil ich 's grad net kloo hat, hab ich em sogar noch e bissche mehr gebbe."

Apfelbäumchen

Apfelbäumchen stehst in Blüten,
jungfräulich im Brautgewand,
wurdst vom Frühling,
deinem Paten,
uns zur Freude hergesandt.

Ach, dein Anblick löst Entzücken
in der Menschen Herzen aus
und dein Duft, der kann beglücken.
Tief im Herzen jubelt's laut.

Deiner Blüten zarte Blätter,
rosa-weiß,
sind eine Pracht,
und ein jeder voller Freude
über deinen Anblick lacht.

Sieh, der Sonne warme Strahlen
streicheln zärtlich dein Gesicht,
leise deine Blätter rauschen -
Zeit steh still und rühr dich nicht!

Um dich summen Bienenvölker,
jubilieren Vögel laut,
und der Wind tut sanft dich wiegen,
ach, du wonnig zarte Braut.

Ich mag Mudderdaach net. Vun mir aus breicht‘s den Daach net se gebbe. Alles so unechte Kraam. Ja, ich bin aach e Mudder, aber ich bin net grad die Mudder, die ich mer fer moi Kinner gewinscht hätt. Ich bin nämlich in erster Linie en Mensch. Un Mensche habbe Fehler. Also habbe Müdder nadierlich aach Fehler. Ich lieb moi Kinner vun gonzem Herze, trotzdem bin ich monchmol ungeduldich, ungerecht, laut und monchmol, do doob ich mit dene, dass die Wänd wackele. Soll ich mer dodefer om Mudderdaach donke losse? Ich will net. Ich will aach net, dass die Kinner mir om Mudderdaach Blume schenke. Omol, gonz unverhofft, irgendwonn mol im Johr, so als liebevolles Geschenk, dess wär mir viel lieber, als wie on Mudderdaach.
Bei uns geht‘s vor un om Mudderdaach folgendermaßen zu: "Mama, Mama, morje is Mudderdaach." "Losst mich bloß in Ruh mit Mudderdaach, ich will net, dass ihr nur on Mudderdaach lieb zu mer seid, naa, dess will ich jeden Daach." Moi Bemerkung wird mit hochgezohene Aachebraue un diskret ibberheert. Es is scheinbar zu viel verlongt. Ich geh die Trepp enuff un donn heer ich obbe, wie‘s unne los geht. "Ich back de Mudder en Marmorkuche," seet die Barbara. "Du immer mit doim Marmorkuche," heer ich die Sybille saache, "der hängt uns doch all schun zum Hals eraus." "De Mama schmeckt der immer," gibt die Barbara Ontwort. "Dess stimmt net, die macht nur immer so," kimmts widder vun de Groß. "Mama", kreischt do die Barbara empört hoch, "Mama, gell des stimmt net?" "Was stimmt net?" ruf ich erunner. "Moin Marmorkuche, der hot dir doch immer geschmeckt?" "Was hot mer immer geschmeckt?" ruf ich zurück. "Moin Marmorkuche," rift die Barbara laut schreiend hoch. "Mein Gott, was fern Mamorkuche," denk ich. "Du waaßt doch Mama, den wo ich immer fer dich on Mudderdaach back." "Ja, ja, der hot mer immer geschmeckt," ruf ich laut enunner. "Siehste," seet die Barbara, "er hot de Mama immer geschmeckt." "Ich waas abber, dass er ihr net geschmeckt hot," seet die Sybille. Die Gemeinheite wern greßer, ich muß oigreife, sunst schwabbt die Mudderdaachstimmung ibber. "Wenn net bald do unne Ruh ist, donn pack ich moi Koffer un fahr ibber Mudderdaach fort, do kennt ihr allo Mudderdaach feiern." Es wird ruhich unne. De Kuche wird gebacke un mit Puderzucker bestreit. Die Kinner halle ihr Aggressione in Schach, die Mudder fährt vielleicht werklich fort, un donn steht merr do, will Mudderdaach feiern und hot ko Mudder. Obends decke se de Disch schee mit ner weiß Dischdeck. Es gute Gescherr kimmt druff, de Kuche stelle se in die Midd,

Kerze noch debei, alles schee gemiedlich, harmonisch, friedlich. Alles fer mich, die Mudder. Hoffentlich geht mer vun dem gute Gescherr nix kaputt, denk ich noch, bevor ich nuff ins Bett geh. Donn schlof ich oi.
De nächste Morje wach ich uff, es is schun hell. Ich guck uff die Uhr, seh se net, weil nämlich on die Uhr gelehnt steht e groß beschribbe Blatt "Der lieben Mudder." Oh Gott, denk ich un wer sofort sentimental. Ich will doch gar koon Mudderdaach und gar koon Donk. Ich fong oh se lese und beim Lese laafe mer schun die Träne. So e gut Mudder soll ich soi? Soviel Donk soll ich kriehe? Ich bin der Donkbarkeit hilflos ausgeliefert, waas nix demit ohsefonge, fiehl mich schuldich.
Die Schlofzimmerdier geht uff, freudestrahlend kumme moi zwaa Lieblinge, kisse mich, umarme mich, alles Gute zum Mudderdaach. Moin Monn guckt mich warnend oh, beherrsch dich, sie meene es ehrlich. Er hot jo recht. Sie meene es werklich ehrlich. Sie liebe mich, ich bin ihr Mudder, sie verzeihe mer on Mudderdaach all moi Sünde, die ich im Laufe des Jahres on ihne begange hab. E bissje Erleichterung steiht in mir uff, scheinbar bin ich doch net so schlimm wie ich meene.
Ich fong oh, mich gut se fiehle. Ich bin e Mudder un heit is Mudderdaach, un die Kinner wolle ihr Mudder feiern. Solle se, ich loss se jo. Gemeinsam gehe mer zum Kaffeetrinke. De Kaffee is schun gekocht, es riecht gut nooch Kaffee, Kuche un Gemiedlichkeit. Jetzt stehe Blume uff em Disch, genau vor moim Deller. Schee sinn se. Sie rieche. Freid und Donkbarkeit ibberkimmt mich un ich saach, dess habt ihr abber schee gemacht. De Kaffee wird heit vun de Barbara oigeschenkt. Da, de erste Flecke is uff de weiß Dischdeck. Ich bleib kuhl. Ich guck dribber weg. Was hot son Fleck on Mudderdaach schun se bedeute. Nix. Trotzdem hall ich de Atem oh, es lieht was in de Luft un do kimmt‘s aach schun. "Musst Du immer Flecke uff die Dischdeck mache," seet die Sybille empört zu de Barbara, "grad heit on Mudderdaach." "Du hättst jo aach den Kaffee ausschenke kenne, do wär dess dir vielleicht aach bassiert, do kennt ich desselbe jetzt zu dir saache." " Wieso eigentlich immer ich," seet die Sybille, "ich mach dess wohl oft genuch." "Was, Du machst dess oft genuch? Dass ich net lache! Dess konn mer on ohner Hond abzähle, wie oft du im Johr emol Kaffee oischenkst."
Mudderdaach, ich wer uff moim Stuhl immer kleener. Beiß die Zäh fest zusomme, beherrsch mich. Moin Monn grinst. Mudderdaach denk ich, hoffentlich ist der bald vorbei. Denn ohns is gewiss, heit Middaach, während em Esse koche, geht dess so weiter. Denn heit koche die Kinner fer ihr lieb Mudder. Nur - wer kocht was, wer bestimmt, ob do noch e bissje Salz fehlt oder net, wer deckt de Disch, wer rahmt en ab, wer spielt Gescherr und wer

rahmt es widder weg. Dess kost mich schun on em normale Daach enorm viel Nerve, abber on Mudderdaach fast ibbermenschlich viel. Ruhich, nur die Ruhe bewahrn. Jetzt hoste schun achtzeh Mudderdaache hinner dich gebrocht, do werste aach noch de neunzehnte hinner dich bringe Un tatsächlich, ich ibberstehe alles unbeschadet. Sogar scheene Aacheblicke hab ich on dem Daach, ab un zu wer ich mol gedrickt, gekisst, gestreichelt, beschmust. Dess wer ich zwar aach jeden Daach, abber heit is mer‘s doch, als wär alles e bissje intensiver, liebevoller, ehrlicher. Ob dess vielleicht doch e bissje was mit dem Mudderdaach zu due hot?

Schenk mir . . .

Schenk mir Worte, sanft und weise,
schenk mir Töne, zart und leise,
schenk mir Mut und Tapferkeit,
schenk mir Trost bei Traurigkeit,
schenk mir Glück und Zärtlichkeit,
schenk mir stets Zufriedenheit,
schenk mir Liebe, ehrlich, gut,
schenk mir immer Lebensmut,
schenk mir Spaß und Lebensfreude,
schenk mir Kraft für jedes Heute,
schenk mir Mitleid, Nächstenliebe,
schenk Verstand mir, edle Triebe,
schenk Gesundheit mir und Glauben,
schenk mir Zeichen für die Tauben,
schenk Geduld mir, auch für mich,
schenk Erkenntnis mir für Dich,
schenk mir Weisheit für das Leben
lass mich stets nach Bess‘rem streben.

Tutti odder verneige vor em Mensch

Es war nur Zufall, dass ich die Tutti kenne lerne durfte.
Eigentlich war mir die gonz Sach gar net recht, denn ich war mitte im Umzug un immer sehr in Eile, als domols es Rote Kreuz bei mir ohrief un mich dringend bat, die Pflege für die Tutti zu übernehmen. Ihr Pflegerin wollt in Urlaub, un es war ofach koon Ersatz do. Also ließ ich mich breit schlaache un kam uff die Art un Weis zu de Bekanntschaft vun de Tutti. Ihr richticher Name war Gertrud, abber all habbe se Tutti genennt. Vum Rote Kreuz war ich sozusache vorgewarnt worde, net vor de Tutti selbst, sondern dass es sich bei de Tutti um e kloo, verkrübbelt Fraa handele det.
Als ich es erstemol zur Pflege kam, die sich morjens immer nur uff zwaa Stund erstreckt hot, waas ich noch genau, dass ich furchtbar schockiert war. Ich hat mir die Tutti so net vorgestellt. Dess ist net negativ gemeent, dess is ofach so gemeent, dass ich viel mehr Mitleid für se hat, als ich es mir vorgestellt hat. Sie lag domols im Bett und ihr Mudder, die ich vum erste Aacheblick geliebt hab, da sie mich so unheimlich on moi ibber alles geliebt Großmudder erinnert hot, die hot mir donn beigebrocht, wie mer die Tutti versorche musst.
Die Tutti war vielleicht en Meder zwonzich groß. Abber gleich noch unserm erste Treffe hat ich dess vergesse. Fer mich war sie nie en behinderte Mensch gewese. Fer mich war se immer e gleichgestellt Person. Sie war dorch ihr Behindertendasein gezwunge, sich vun fremde Leit Tätichkeite mache se losse, die Mensche normalerweise sehr beschäme. Der ohne Mensch, der sich die Behandlung, bedingt dorch soi Behinderung, notgedrunge gefalle losse musst, und der onnere, der e Tätichkeit ausführn muss, die eichentlich sehr peinlich war.
Fer mich war's om Ohfong net leicht, ich musst mich erst dro gewöhne. Abber die Tutti, die hot mer's leicht gemacht. Sie selbst, die in dieser peinlichen Lage war, die es sich net ausgesucht hat, dass fremde Mensche ihr helfe musste, die Tutti hot mir dess Gefiehl gebbe, dass ich hier nix Unnadierliches mache, sondern dass ich nur e Tätichkeit ausieb, die halt notwendich war. Mir habbe die Peinlichkeit durch gegenseitige Achtung ibberstonne.
Sie hat e unheimliches Selbstbewusstsein un hot mir die Kraft gebbe, ihr se helfe. Wenn die Tutti versorcht war, hab ich se in ihrn Rollstuhl gesetzt un sie hot ohgefonge, sich se schmicke, ihr Haarn se mache, sie hot sich gepflecht. Die Fingernäel warn lackiert, die Bluse schick un selbst genäht, un was es erstaunlichste war, sie hot nie geklagt. Ich hab do schun eher geklagt, vun weche unserm Umzug in e halbfertich Haus, weche der viel Abeit un dass

ich halt immer in Hetze war. Die Tutti hot sicher als emol gedenkt, mein Gott, wär ich so froh, wonn ich dess alles emol mache kennt. Abber wie gesaat, nie hot se geklagt. Sie hot getöpfert, geschneidert, gebastelt, gesunge, sie war aktiv. Ihr Mudder und sie, sie habbe sich gechenseitich Kraft gebbe fer e Lebe, dess monchmol fer uns Gesunde net lebenswert erscheint. Sie hätte alle Grund gehabt, mim Lebe se hadern, denn die Tutti war bis zu dem schreckliche Unfall e gonz normal Kind. Dort wo se domols gewohnt hatte in Meenz, do hot im Hof en Monn mit Sprengstoff handiert. Un der Sprengstoff is explodiert, hot die Tutti, die dort grad gespielt hot, dorch die Luft geschleidert und widder uff de Bodden geworfe. Sie hat sich zwar wehgedoe, konnt aber noch laafe. Zwaa Daach später konnt se net mehr laafe. Sie kam ins Kronkehaus un hot dort longe Zeit verbrocht. Als sie widder ham kam, saß se im Rollstuhl un konnt ihn aach nie mehr verlosse. Neu Johr war se domols. Sie habbe mer Bilder gezeicht, wie die Tutti mit 18 Johr ausgesehe hot. E bildschee jung Mädche mit wunderscheene Haar in em Rollstuhl. Dess Bild war eichentlich dess, was es schlimmste fer mich war. Ich hab geheult vor Wut ibber dess, was de Tutti bassiert war. Abber dess war ihr Schicksal un ihr hot‘s net geholfe, dass ich geflennt hab. Sie hot alles fast stolz ertraache. Sie hot em Lebe getrotzt. Hot trotz ihrer Armut, ihrer Schmerze immer versucht, em Lebe noch ebbes Scheenes abzugewinne.

Nooch 6 Woche kam ihr Pflegerin widder, un ich musst mich verabschiede. Abber es war nie en Abschied fer immer. Ich hab se net oft besucht, abber wonn ich se besucht hab, hat ich nie dess Gefiehl, mer hätte uns long net gesehe, mer wärn uns vielleicht fremd. Mir warn uns verbunne, aach ohne große Verbindung.

Abber net nur mit ihr war ich verbunne, naa, aach mit ihrer Mudder. Ihr Mudder war domols schun on die neunzich. Ibber dess se schreibe, was ihr Mudder alles fer die Tutti gemacht hot, dess det zu long dauern. Dess gibt wahrscheinlich e onner Geschicht.

Sechzig Jahr hot die Tutti im Rollstuhl gesesse. In de letzte zwaa Jahr ihres Lebens hot se noch zwaa Schlachanfäll ibberstonne, sie konnt jetzt fast nix mehr sehe und mit em Bastele war‘s aach vorbei. Donn kam noch e groß Darmoperation, un die hot se net ibberlebt.

In mir war uff de ohne Seit Erleichterung, dass se jetzt endlich alles ibberstonne hot, uff de onner Seit eine unendliche Trauer. Net nur ibber ihrn Tod, naa, ibber dess, was ihr eichentlich im Lebe zugestonne hätt. Ibber dess, was sie nie hatte, un was ich ihr so sehr gegennt hätt.

Die Träne vun ihrer Mudder habbe mich unendlich beriehrt.

Abber ohns is mir uffgonge nooch de Tutti ihrm Tod, dass sie, obwohl sie im

Rollstuhl saß, mir selbst unheimlich viel gebbe hot. Net nur mir, sie hat viele Freunde, und dene Freunde is es genau so gonge wie mir. Mir warn all erleichtert ibber dess Ende ihrer Leidenszeit und voller Trauer ibber den Verlust eines Menschen, der sich nie hot unnerkriehe losse. Der trotz soim Elend, dess er erlebe musst, onnern noch Erfahrunge hot mache losse, die wichtich fer's gonze Lebe sinn. Ich jedenfalls war sehr stolz druff, die Tutti als Freundin se habbe. Un wonn ich heit monchmol on se denke, do seh ich se immer lachend und winkend ibber e grie Wies laafe. Un ich bete zu unserm Herrgott, dass dess fer die Tutti Werklichkeit werd.

De Erste

Ich hab'en es letztemol on unserer Kerb gesehe. E paar Schulkamerade vun uns habbe bei em gesesse, ich kam dezu, mir habbe paar dumme Sprüch gerobbt un laut gelacht. Mir habbe all e bissje zu laut gelacht, mir warn e bissje zu schnell im Spreche, mir wollte net wahrhabbe, was er uns erzählt hot, odder mir wollte es ofach verdränge.

Er war kronk, schwerkronk un so hot er aach ausgesehe. Soi Lebe war fast rum, er wusst's, mir wollte es net wahr habbe. Er war schließlich so alt wie mir, un in dem Alter sterbt's sich schwer. Vun Klassetreffe habbe mir gesproche, obwohl mir gar net vor hatte, e Klassetreffe se mache. Irgendwie war uns all net so denooch. Mir hatte net so gut Verbindung zuenonner. Dess war net immer so, in de Schul hatte mir eichentlich sesammegehalle, abber noochher is dess alles e bissje ausenonner gonge, un mir hatte net mehr viel sesamme se due. Monche vun moine Schulkamerade habbe kaum noch gegrüßt, un was soll mer do Klassetreffe mache. Wie mir uns do on de Kerb getroffe habbe, habbe mir uns trotz dem Elend, dess merr ihm ogesehe hot, gefreit un wie gesaat vun Klassetreffe gesproche. Dass es nix demit werd, war uns klar, abber mir wollte ihm e Freid mache. Es kam net zum Klassetreffe. Abber on soiner Beerdichung is ebbes bassiert, was uns all erstaunt hot. Es warn net alle do, e paar hatte koo Zeit. Abber mir, die mir do warn, mir habbe do ebbes erlebt, was mir gar net fer mechlich gehalle hätte. Mir habbe plötzlich on soim Grab widder e Gefiehl erlebt, dess mir frieher in de Schul hatte, wo mir irgendwie all sesamme geheert hatte. Un dess Gefiehl hot uns gut gedoe.

Nooch de Beerdichung wollte eichentlich die meiste haam, abber irgendwie ging kooner, merr hot beschlosse, noch gemeinsam zum Requiem zu gehe un so habbe mer's aach gemacht. Er hat e schee Beerdichung. Es warn viele Leit do. Die Feierwehr hot de Zapfenstreich gespielt un irgendwie war ich stolz fer ihn, dass er, der net vum Lebe so begünsticht war, so e schee Feier hat. De Onnern is es, glaab ich, aach so gonge. Nooch em Requiem sinn mer all sesamme in e Wertschaft. Und siehe da, mir konnte mitenonner redde. Jeder hot vun soiner Familie erzählt, vun frieher habbe mer geschwätzt, wo mir noch in de Schul warn un pletzlich warn mir all traurich, dass erst ohner vun unserm Jahrgong sterbe musst, un mir uns do erst nooch soviel Johr widder gesehe habbe. Wo mer frieher koo Zeit hatte, jetzt hatte mir pletzlich Zeit.

Es war en scheene Middach. Wie mir uns getrennt habbe, hatte mir all e gut Gefiehl un habbe uns vorgenumme, dass mir uns zu unserm 50. Geburtstag uff jeden Fall treffe dete. Un diesmol, so glaab ich jedenfalls, diesmol hatte se's all ernst gemeent demit. Un ich glaab, es werd aach tatsächlich was wern mit unserm Klassetreffe, denn mir habbe gemerkt, dass selbst die longe Jahrn, die mir uns net gesehe hatte, uns unser Sesammegehörichkeitsgefiehl net nemme konnte.

'S werd Zeit

'S werd Zeit, moi Kind,
du musst bald fort,
es Nest, es wird zu kloo.

'S werd Zeit, moi Kind,
un glaab mer's bloß,
ich bin do net so froh.

'S werd Zeit, moi Kind,
du musst jetzt lerne,
uff eichne Fieß se stehe.

'S werd Zeit, moi Kind,
es fällt mer schwer,
dess mir selbst se gestehe.

'S werd Zeit, moi Kind,
du musst jetzt geh,
erober dir die Welt.

'S werd Zeit, moi Kind,
ich hoffe sehr,
dass es dir draus gefällt.

'S werd Zeit, moi Kind,
loss los die Hond,
die long dich hot gefiehrt.

'S werd Zeit, moi Kind,
doch brauchste se,
greif se dir unscheniert.

'S werd Zeit, moi Kind,
un gehst de fort,
e Stick vun mir geht mit.

'S werd Zeit, moi Kind,
so weh's aach dut,
mir zwaa, mir sinn donn quitt.

'S werd Zeit, moi Kind.
Ich zooch dich groß,
du warst moi gonzes Glick.

'S werd Zeit, moi Kind,
ich denke stets
voll Donkbarkeit serick.

Unser Kuseng Bernd heirat. Mensch, was war dess fer e Freid. Weil erstens muss merr feiern, un zweitens is so e Hochzeit immer e schee Sach. Zuerst hält merr traditionsgemäß en Polterobend ab. Un uff den Polterobend, do warn mir, die Kusengs un Kusine vum Bernd, gonz verrickt. Dem wollte mir mol zeiche, was so en richdische Polterobend hergibt.
Unsern Martin, dess is en Kuseng vun mir, also aach vum Bernd, der hot uff de Binding geschafft un hot nooch Bekanntwern vun de Hochzeitsohgelechenheit gleich ohgefonge, Kronkorke zu sommele. Un uff de Binding gibt's viel Kronkorke. Un weil's do so viel gibt, war aach dementsprechend de Kofferraum vum Auto voll un schwer gelade. Moi zwaa Kuseng, de Martin, de Norbert, moin Monn un ich, mir sinn donn frohen Herzens un voll Erwartung noch Undennum gefahrn, un damit unnerwegs koo Unglick bassiert, bin ich gefahrn, schee longsom un gonz vorsichtich, weil, wonn mer e bissje mehr Gas gebbe hot, hot dess Auto hinne ohgefonge se schlingern. De Männer macht so e bissje Schlingern nix aus, abber ich bin Mudder vun zwaa Kinner, un ich kumm gonz gern gesund vun so em Polterobend serick. Also bin ich gefahrn. Unser Tonte Irmgard hot uns noch viel Spass gewinscht un in Gedonke hot se gesehe, wie mir unserm Kuseng Bernd die Tausende vun Kronkorke hiewerfe dete und was der do fer Aache mache det. Mir sinn dorch die Palz gefahrn uff em kerzeste Wech nooch Undennum. Ibber Ober-Olm, Kloo-Winternum, Nieder-Olm, on Zornum vorbei, dorch Hahnum un donn warn mir endlich do. Mittlerweile war's aach schun fast halb neun. Die Adress hatte mir net vum Bernd soiner Braut, es hot nur gehaase, de Polterobend wird schräch vun de Kerch abgehalle. Dess is koo Problem, dess finne mir schun. Dorch Undenum se fahrn, dess dauert schun e Weile, dess is e long Streck, un weil mir uns net ausgekennt habbe, habbe mir unnerwegs emol korz ohgehalle un e paar junge Kerl gefroht, ob sie wisste, wo do en Polterobend stattfinne det. Die Bube warn sehr freundlich und habbe gesaat: "Kumme Se nur mit, mer mache aach do hie." Mir warn ohgenehm ibberascht, die Leit sinn hier sehr freundlich. Also sinn mir mit unserm Auto gonz longsom nebber dene junge Leit hergefahrn un tatsächlich, mir warn noch korzer Zeit om Ziel. Die Kerch war direkt im Ort un schräch vun de Kerch, do war de Polterobend. Freudestrahlend sinn mir ausgestiehe, habbe uns furchtbar verlacht un uns uff dess Gesicht vun unserm Bernd un soiner Braut gefreit. Die Männer habbe die Säck mit dene Kronkorke in en große Bauernhof geschleppt un dort habbe mir donn unner großem Gelächter vun de Leit unser Kronkorke hiegeschitt.

Wo mir gar net druff geacht hatte, war se gucke, ob unsern Kuseng un soi Braut dess aach gesehe hatte. Mir warn so im Polterobendrausch, mir wollte uns omisiern un schee feiern. Mir habbe also wie gesaat, net nooch unserm Kuseng geguckt un als erstes uns emol ins Gästebuch oigetraae. Donn habbe mir e Häppche zu uns genumme un uns umgeguckt. Moin Monn hot mich plötzlich gerufe un mich mit bei dene Leit ins Haus geschleppt. Mir sinn im Wohnzimmer rumgelaafe un habbe dort die Geschenke begutacht un die scheene alte Möbel, die dort gestonne habbe. Unsern Bernd hot's gut getroffe. Ja doch, er macht e gut Bardie.

Was uns net uffgefalle war, war die Tatsache, dass mir unsern Bernd noch net gesehe hatte. Also bin ich in die Kich un habb dort gefroht, wo moi Tonte Veronika wär: "Was fer Tonte Veronika?" habbe mich dort zwaa alte Fraue gefroht. "Ei die Mudder vum Bräutigam," hab ich gesaat. Die zwaa warn schun alt un habbe nur verständnislos mit em Kopp geschittelt, un ich hab se net gonz fer ernst genumme. Also bin ich widder naus. Drauße habbe mir donn so e paar gefroht, die do gestonne habbe, wo donn ibberhaupt es Brautpaar wär. "Dort hinne im Ecke stehe se." Mir geguckt, komisch, die sinn scheinbar im Moment widder fort. So ging's e paarmol un plötzlich kam moim Kuseng Norbert die Sach doch komisch vor un er hot e Kind hergerufe un hot zu dem Kind gesaat: "Saachemol, wie haase die Leit donn do, die do heirate wolle?" Der Bub hot's gewusst un hot aach en Name gesaat. Un wie mir den Name geheert habbe, habbe mir erst kerzegrad gestonne un donn furchtbar ohgefonge se lache. Mir konnte uns e halb Stund fast net beruhiche. Dene Umstehende habbe mir donn erklärt, was uns bassiert war.

Mir, die mir die Kronkorke schun so long gesommelt hatte, mir, die mir unserm Kuseng Bernd dodemit e Freid mache wollte, mir warn doch tatsächlich uff em falsche Polterobend gelandet. Alles hot gelacht.

Om meiste hatte nadierlich unsern Kuseng Bernd un soi Braut Spass. Die habbe sich nämlich gefreit, dass se net Dausende vun Kronkorke fortschebbe musste. Wie es zu dere Verwechslung kumme is, is gonz ofach zu erklärn. Es warn ausgerechnet on dem Daach zwaa Polterobende, ohner oberhalb schräch vun de Kerch un ohner unnerhalb schräch vun de Kerch. Egal wo aach immer so en Polterobend stattfind, so en Polterobend wie mir en erlebt habbe, so ohner erlebt merr net alle Daach un ehrlich, mir denke noch gern on den serick. Unserm Bernd konnte mir es bis jetzt noch net heimzahle, dass er so glimpflich on soim Polterobend devunkumme is, abber er hot jo emol Silberne Hochzeit, vielleicht konn merr do noch emol zuschlaache. Mir kenne jo schun emol ohfong, Kronkorke se sammele.

Ein Punkt

Ein Punkt, und sei er noch so klein,
sollt jedem Menschen Eigen sein.
Er sollte sich stets dran erbaun,
und jedem auf das Maul gleich haun,
der diesen Punkt gar kritisiert,
weil jener andre garantiert,
dem Punkt niemals im Leben,
ein andres Aussehen kann geben.
Drum ist ein Punkt für jeden wichtig,
egal wie er aussieht, er ist immer richtig.

Die Landfraue mache en Ausfluch, dess is nix Besonderes, abber diesmol is es doch ebbes Besonders, diesmol derfe nämlich die Männer mit un dess is halt ebbes Besonders.
Net, dass die Landfraue die Männer net gern hätte, naa, dess net, abber bei de meiste Veranstaltunge vun de Landfraue dete die Männer nur steern un so derfe se halt net ibberall mit hie. Die Männer habbe sich gefreit. Dess wollte se schun immer mol, mit de Landfraue en Ausfluch mache. Die Spannung wuchs. De Ausfluch sollt in de Norde gehe, merr wollt in de Lüneburger Heide ibbernachte, un vun dort aus konnt merr donn Besichtigunge mache. Die Fahrt war schee, die Stimmung gut. Die Landfraue warn froh, dass es de Männer anscheinend gefalle hot un alles war ziemlich locker. Merr hot die Lüneburger Heide besucht, e paar sinn mim Fahrrad dorch die Heide gefahrn, un e paar onnern sogar mim Tandem. Merr hatte viel Spass. Die Heide war in dem Johr trocke, de Staab is nur so geflohe, un wie mir donn zur nächsten Besichtigung fahrn wollte, hatte all Häls so schwarz wie Rabe.
Die Mitfahrende konnte sich aussuche, wo se hie wollte. Entweder nooch Lüneburg odder nooch Hamburg. Es wurd einstimmich für Hamburg gestimmt, un so ist de Bus mit de Draaser Landfraue un ihre Männer nooch Hamburg gefahrn. Wie gesaat, die Stimmung war hervorragend un mit den Worten: "Hamburg, mach dich uff was gefasst, die Draaser kumme," is merr donn in Hamburg oigetroffe. Mit em Stadtführer, den die Landfraue gemietet hatte, hot merr sich getroffe un donn Hamburg besichtigt. Es war schee, es war interessont, die alte Hafendocks, e Hafenrundfahrt, de Michel unsoweiter unsofort.
Wie die Führung ihrm Ende zuging, hot de Fremdeführer gefroht, ob merr vielleicht dro interessiert wärn, in e Kabarett se gehe. Kabarett, dess wär net schlecht. Merr hot gedenkt, no ja, so en Zauberer, so paar Ballettmädcher, dess konn merr schun verkrafte, dess is moralisch vertretbar. Ohner vun dene Männer, der sich nix Gutes geahnt hot, is donn zu dem Fremdeführer un hot den vorsichtshalber mol gefroht, ob dess aach was für ältere Fraue un Männer wär, denn die wollte jo do aach mit. De Fremdeführer, en nette junge Monn, hot gesaat: "Klar, da kann jeder hin, Sie werden sehen, das gefällt den Leuten." Also gut, merr hot sich entschlosse, ins Kabarett se gehe, hot 25 Mark pro Person bezahlt un en Zeitpunkt ausgemacht, on dem merr sich vor dem Lokal treffe det, wo dess Kabarett war. Ohschließend is de Bus nooch St. Pauli gefahrn. Direkt nebber de Davids-Wache war so e groß bayerisch Lokal. Dort hot merr e Häppche se esse krieht un uff den Aacheblick

gewaat, wo merr endlich in dess Kabarett gehe konnt. Drei ältere Dame bliebe do, un dodribber war merr im Nachhinein sehr froh, es is ihne einiges erspart geblibbe un merr waas net, wie die dess psychisch verkraftet hätte, was do uff die brave Draaser Landfraue zukumme is. Endlich war's soweit, merr musst gehe, merr musst jo ins Kabarett. St. Pauli, mol sehe, was du uns biete konnst. Die Erwartung stieg. Vor dem Lokal musst mere noch waade. Merr hot sich so e bissje umgeguckt, die Bilder im Schaukaste betracht, merr hot aach alles gesehe, abber ohns hot merr net gemacht, merr hot sich nix debei gedenkt, weil merr ebe vum Lond war, so ebbes jo gar net fer möchlich gehalle hätt, merr wollt halt in Gedonke immer noch zu dem Zauberer un zu dene Ballettmädcher. Es werd sicher sehr nett. Da, ebe geht die Dier uff, es kumme viel Leit aus dem Lokal eraus. Merr guckt sich die Leit oh, un merr nimmt do aach was wahr, es hot do ebbes net gestimmt, abber merr war jo vum Lond un merr kennt sich jo net so aus. Monche Fraue flenne, monche Männer habbe hochrote Kepp, sehe aus, als wonn se korz vorm Schlaachofall stehe dete. Die Draaser Landfraue un die Draaser Männer stehe vor dem Lokal un mache sich lustich ibber die, die do rauskumme un wie gesaat, sie denke net. Was soll merr do aach denke. Merr will jo zum Zauberer. Un weche so em Zauberer, do brauch merr bestimmt net flenne odder gleich en Schlaachofall se kriehe.
Jetzt geht's los, merr muss jetzt ins Lokal. De Zauberer waad. Wie's Vieh wern se noigetribbe, misse gonz eng sitze, kennte, selbst wonn se wollte, net mehr aus dem Lokal eraus, jeder Sitz is besetzt un in de Gäng wern Stiehl uffgestellt, merr is gefonge. Viele habbe sich noch vorne gedrängt, fer 25 Mark wollte die aach was sehe. Merr konn's jo verstehe. Monche sinn schun älter, ibber 70 un mim Gucke klappt's so vun weidem net mehr so, un so muss merr defer sorche, dass merr gonz vorne en gute Platz krieht. Nochdem alles sitzt, geht's endlich los. De Vorhang geht hoch, die Vorstellung beginnt. Todenstille. Entsetze bei em Landfrauevorstand. Die Männer grinse. Was merr dort vorne gesehe hot, hat mim Zauberer nix se due. Was merr do gesehe hot, konn merr gar net beschreibe, weil's om die Sprache verschlaache hot.
Erbarme, dess hot de Vorstand net gewollt. Merr will uffsteihe, enaus, nur enaus, abber vollkommen aussichtslos. Merr ist gefonge, merr muss alles ibber sich ergehe losse, was do vorne ableeft, un was do vorne ableeft, dess habbe die meiste Draaser Landfraue in ihrm gonze Lebe noch net gesehe, dess wollte se aach nie sehe, abber jetzt, jetzt misse se, ob se wolle oder net. Viele halle sich die Aache zu, versuche nix se denke. Bei de Männer fängt

ohner, der schun seit 7 Johr net mehr geraacht hot, widder oh se raache un vorne uff de Biehn lääft e Show ab, die mit de Draaser Landfraue nix se due hot. Jetzt fällt's om wie Schuppe vun de Aache, jetzt waas merr plötzlich, warum die Fraue vorhin, wie die raus sinn, geflennt habbe, jetzt versteht merr plötzlich, warum die Männer em Schlaachofall nah warn. Jetzt fängt merr oh se denke, abber zu spät, merr sitzt in de Mausefall. Merr muss gute Miene zum beese Spiel mache. E Dreiverdelstund geht dess Theater uff de Biehn, Einzelheite derf merr do gar net erwähne. Später war's om klar, merr war jo uff St. Pauli, un St. Pauli hot mit Draas sehr wenich gemeinsam. Wie die Draaser Landfraue aus dem Kabarett raus sinn, steht drause e Filmkamera un die filmt die Draaser Landfraue uff St. Pauli.
Merr hot sich geschämt bis uff's Blut un donn musst merr sich aach noch die Bermerkunge vun de Männer gefalle losse, die fast all in de Draaser Feierwehr warn: "Ja, ja, mir mache jo aach als Ausflüch, abber so Ausflüch habbe mir noch nie gemacht." Es war die Hölle los. No ja, nooch der Stunde hat merr sich widder beruhicht, abber es war schun e Erlebnis der besonderen Art, un dass ausgerechnet die Landfraue so ebbes biete dete, dess hätt koon Mensch gedenkt und die Landfraue erst recht net. Es ist schun Jahre her, merr hot's schun fast vergesse, abber monchmol, wonn mol widder e Feier is un merr alte Geschichte erzählt, donn kimmt aach nochmol die Sach vun St. Pauli uff's Dapet, wo domols die Landfraue ihrn Ausfluch gemacht hatte un en Zauberer sehe wollte.
Wonn die Landfraue heit Ausflüche mache, fahrn se net in Richtung Nord, naa, alles in de Süde, de Norde, do is es Klima zu rauh, do muss merr sich mit Sache befasse, die merr noch nie gesehe hot, die merr aach nie mehr sehe will, un die doch irgendwie zum Lebe dezugeheern.

Mer fliehe

Nie im Lebe hätte de Monfred aus Ober-Olm un ich gedenkt, dass mir emol zusomme nooch Hongkong fliehe dete.
Abber om verzichste Geburtsdaach vun moiner Schwester, die in Hongkong lebt, wurd die Sach publik. Da mir en scheene Freundeskreis habbe, wozu moi Schwester un de Monfred aach geheern, wurd also beschlosse, dass moi Schwester ihrn verzichste Geburtsdaach net allons feiern sollt un de Monfred un ich, mir sinn donn sozusaache als Abordnung vum Freundeskreis nooch Hongkong zum Verzichste geflohe. Om 9. April 1991 gings los, ab Frankfurt 14 Uhr 55, ab Amsterdam 19 Uhr 55 und Zwischenstop in Bangkok.
Es hot schun gleich gut ohgefonge. De Mario, unsern italienische Freund, hot uns nooch Frankfurt zum Fluchplatz gefahrn un nadierlich, wie solls aach onnerster soi, er hot sich prompt verfahrn un mir warn ruckzuck in Richtung Würzburch unnerwegs. Da mir fer so Zwischefäll gericht warn, hot uns dess alles nix ausgemacht un mir habbe uns aach net groß uffgerecht. Bei uns klappt selten mol was wie om Schnierche.
Beim Oischecke warn mir schwer om Zweifele, ob mir ibberhaupt in unser richtich Fluchzeuch kumme dete, weil die Fraa om Schalter ibberhaupt net mit dem Computer vertraut war, un allons dess Oischecke zu verkrafte war net leicht. Gott sei Donk habbe mir starke Nerve, so schnell kriehn die uns nett unner.
Als nächstes de Fluch nooch Amsterdam. In de Wartehall habbe zwaa gesesse, die habbe ausgesehe wie Terroriste. Dess habbe mir gleich bemerkt. In de Eck hot ohner gestonne un in soim Notizbichelche gelese, aha, aach sehr verdächtich. Die behalle mer im Aache, mer wolle jo gut londe in Amsterdam. De Fluch war toll. Ich wollt‘s gar net glaabe, abber mer sinn sogar ibber moi Firma Bilfinger un Berger geflohe. Kaum habbe mer e Häppche se esse krieht, schun warn mer in Amsterdam. Mer hatte Glick, die Terroriste habbe sich ruhich verhalle un der mit dem Notizbuch war Gott sei Donk aach net aktiv. Erleichtert sinn mer aus em Fluchzeich eraus. Mer hatte jetzt fast drei Stund Zeit. Mer wollte in die Stadt. Abber was mache mer nur mit unserm Hondgepäck? De Monfred hat en gute Oifall, mer bringe alles in e Schließfach. Zwaa Gulde hot es Schließfach gekost, abber was soll‘s, wonn merr e Weltreis otritt, brauch merr net so uff die Penning se gucke. Noch hatte merr se jo. Also alles ins Schließfach verstaut. Jetzt wollte mer uns uff de Wech in die Stadt mache. "Brauche mir do net vielleicht unsern Ausweis," habb ich gefroht. De Monfred hot korz ibberleht un gesaat: "Ja, du host Recht, mer misse es Schließfach noch omol uffmache un die Ausweise raushole." No ja,

net so schlimm, wie gesaat, noch hatte mers jo. Also uffgeschlosse, Ausweise eraus geholt. Widder zugeschlosse, zwaa Gulde oigeworfe. Jetzt konnte mer gehe. Wie mer so im Gehe warn, hot de Monfred gesaat: "Meenste net, wonn mer aus em Fluchhafe rausginge, dass mir do vielleicht unser Tickets mitnemme misste. Ja, ich glaab dess aach, denn ohne Tickets komme mer jo net mehr enoi. Es Schließfach widder uff, die Tickets eraus. Es Schließfach widder zu, zwaa Gulde enoi werfe, jetzt konnte mer gehe. Abber mittlerweile is bald e dreiverdel Stund vergonge und eichentlich hot uns die Zeit jetzt net mehr fer die Stadt gereicht. Also sinn mer im Fluchhafe geblibbe, sinn e bissje rumspaziert, habbe e Häppche zu uns genumme un geduldich uff unsern Abfluch gewaat.
Die Zeit verging wie im Fluch. Plötzlich hieß es: "Passaschiere nooch Hongkong bitte zum Abfluch." Jetzt wurd mer's mulmich. Vun obbe bis unne nur Ängst, wie sollt ich dess ibberstehe. Jetzt hieß es, Nerve behalle. Im Fluchzeich selbst musst ich erst mol uff die Toilett. Vorher hat ich moi Reisetablette rausgekramt. Wonn's geht, nemm ich koo. Abber so wie's aussieht, geht's net, dass ich koo nemm. Es Fluchzeich geht nämlich aach net. Nooch dem die Diern schun geschlosse warn, kam e Dorchsaach uff Englisch un Holländisch, uff Deitsch lehe die hier koon Wert, irgend ebbes wär mim Computer. Die Diern sinn widder uffgonge, mir sitze direkt on de Dier, sechs bis acht Computerspezialiste gehe on uns vorbei. In de Gesichter is nix se lese. Ob mir oh Reisetablett longt, is sehr fraachlich. Die Computerfachleit sinn koppschittelnd aus em Fluchzeich eraus, was soll ich devun halle, ich kenn mich jo do net so gut aus, ich muss noch emol uff die Toilett. Nemm ich jetzt moi Reisetablett schun odder waat ich noch e bissje? Wonn ich se nemm, bevor ich uff die Toilett geh, schloof ich vielleicht uff de Toilett oi. Lieber Gott, loss mich uffheern se denke.
Em Monfred geht's gut. Der sitzt nebber mir, hot soi Schuh aus un spielt mit em Radio erum. Mittlerweile habbe mer nämlich Decke und Koppheerer krieht. Die Dier vom Fluchzeich is immer noch uff un es zieht. Ich muss widder uff die Toilett. Un jetzt grad fällt mer oi, wie's domols war, als ich vor genau zeh Johr mit moiner ganz Familie nooch Singapur gefloche bin un wie do unnerwegs es Fluchzeich kaputt gonge is, mir nooch Frankfurt serick musste, dort ibbernachte un erst en Daach später donn total entnervt weitergeflohe sinn. Ich saach zum Monfred: "Also ohns is klar, wonn die Stuardesse sich weigern mitseflieh, fliehe mir aach net." Mittlerweile misste mir schun e dreiverdel Stund geflooche soi, die Dier steht immer noch uff. Uff dene zwaa Toilette, die ausgerechnet in unmittelbarer Nähe von unsere Sitz sinn, is mittlerweile reger Betrieb. Ebe hot's widder emol gegongt, abber

es is ko Dorchsaach kumme. De Computer is scheinbar immer noch kaputt. Hoffentlich vergesse die net in der Hektik, die weche dem Computer hier herrscht, die Dier bei uns zu schließe, merr muss hier mit allem rechne. Die Zeit rennt fort. Ibber Amsterdam werd's longsom Nacht. Die Dier is immer noch uff. De Monfred packt soi ausgezoochene Schuh in e Plastikdasch. Der Monn hot Nerve wie Drahtseile. Es gongt. De Capitän spricht vun einem technischen Problem. Männer mit Schilder verlossse es Fluchzeich dorch die offe Dier, kloppe de Stuardess uff die Schulter un saache uff holländisch so ebbes ähnliches wie gute Fluch. Die Dier werd jetzt geschlosse. Erbarme, mir is schlecht, ich muss widder uff die Toilett. Nemm ich jetzt die Reisetablett odder net. Ich muss mich in de nächste Minute entscheide. Sie liehe uff moim Schoß. Waate mer noch e bissje.
Es Fluchzeich bewecht sich mit fast fünfzich minidischer Verspätung, e zwölfstindisch Abenteuer steht uns bevor. Ich bin net mehr uff die Toilett kumme. Ich brauch aach net. Mir stehe immer noch, mir sinn nur e Stickche gefahrn. Abber ebe geht's los. Ich horsch nur uff die Motorn. Hongkong, mer kumme. Drauße jaache die Lichter vun Amsterdam vorbei. De Monfred horscht Radio. Wonn ich nur net uff die Toilett misst. Mir gecheibber sitzt e Stuardess, sie hot sich aach ohgeschnallt. Sie hot mindestens Kleidergreß fuchzich. Do bin ich fast e Waisekind degeche. Es ist mir e Rätsel, wie die sich dorch die Gäng vum Fluchzeich beweche will. Die Dier is fest zu. Ich hab mich entschlosse, ich nemm koo Tablett, do konn grad kumme, was will. Ich hall se abber mol vorsichtshalber in de Hond. Da, jetzt fahrn mer schneller, un da, jetzt sinn mer in de Luft.
Drauße ist Nacht un unne, gonz unne sieht merr die Lichter vun Amsterdam. De Monfred schläft. Mir steihe immer noch. Mir sitze in ner Boing 747 un vor fast ner Stund war in der Maschin de Computer noch kaputt. Abber merr muss Vertraue habbe. Es hot gegongt, die Stuardess in Größe fuchzich hot sich losgemacht un is in die Kich. Es Licht geht oh, es gongt, e Dorschsaach wird gemacht, in chinesisch odder japanisch. Mir Draaser brauche jo nix zu verstehe. Mit dene flieh ich net mehr. Uff de Toilett hot jetzt widder reger Betrieb oigesetzt. Irgend ebbes rischt ohgebrennt un außerdem zieht's. Jetzt flennt aach noch e Kind, hoffentlich flennt des net bis Hongkong. Ich hab noch koo Tablett genumme. Ich waas abber net, was ich vun der gonz Sach halle soll. Mer fliehe seit onnerthalb Stund. Drauße is es dunkel. De Monfred hot vun de Stuardess mit de Kleidergreß fuchzich en Platz mit zwaa Sitz ogebode krieht. Er hot sich e Deck genumme un dort hiegesetzt. Un ich waas net, ich waas net, er leht sich sogar geche die Fluchzeichdier.

Neber mir sitzt ausgerechnet e französisch Püppche. Sie spricht Gott sei Donk hervorragend deutsch, un mir schwätze sesamme. Un ebbes habbe mer sogar gemeinsam, mir habbe jetzt nämlich Hunger. Die Stuardess bringt ebbes se trinke un heiße Discher. Mer wäsche uns es Gesicht un die Händ un drauße is es dunkel. De Monfred versucht sich mit ältere Französinne zu verständische, abber mehr als Toilett verstehn se net. Donn liest er e Buch, es heeßt "Der Fall Erich Honeckers". Also do muss mer werklich gesund soi. Es gibt Esse. Endlich en Lichtblick. "Möchten Sie Fleisch oder Fisch?" Ich hätt lieber Fleisch, weil Fleischvergiftung is net gonz so schlimm wie Fischvergiftung. Es Esse is net schlecht.
Wonn vierhunnert Leit während em zwölfstündiche Fluch nur zwaamol misse, konn merr sich vorstelle, was hier in unmittelbarer Nähe von unserm Sitz los ist. De Monfred geht jetzt e Zigarett raache, ich schreib alles uff, was bis jetzt bassiert is, es lenkt mich ab. Die Kloo neber mir hot en gute Appetit, hot alles uffgesse un dess macht se mer sympathisch. Die Wasserspülung geht un geht un geht. Sechs Stunde sinn mer schun geflooche. Vor ner Verdelstund war's noch dunkel, jetzt werd's longsom drauße hell. Jetzt kimmt die Sunn. Näher konn merr unserm Herrgott net soi.
Zwischedorch habbe mer was se esse un se trinke krieht, die Zeit geht longsom erum. De Monfred schläft in de unmöglichste Stellunge. Dess heeßt, er versucht's wenigstens. Ich hab mittlerweile Sodbrenne von dem Orangesaft, den ich vorhin getrunke hab. Zwaa Filme sinn gelaafe. Ich hab sogar zwischedorch emol gelacht. Die Wasserspülung is unentwegt in Betrieb. Mer fliehe jetzt ibber de Himalaija. Wer hätt des je gedenkt. E Draaser Mädche un en Ober-Olmer Bub ibberm Himalaija. Es is drei Uhr. De Monfred guckt aus em Fluchzeich enaus, holt soin Tirolerhut, den er aus Jux debei hot, setzt en uff un seet: "Was, sinn mer erst ibber Tirol?" Die Ober-Olmer, merr konn se doch net ibberall mit hienemme. Mer kriehe widder Esse. Scheinbar geheert dess hier zum Zeitvertreib. Alle Leit habbe ihr Schuh ausgezohe. Moi Fieß sinn mittlerweile dick geschwolle. Ich muss se hochlehe. Mir habbe Friehstick krieht, vor der Toilett stehe se Schlonge. Ich misst jo aach emol. Abber bei dem Ohdrong konn dess Daache dauern. De Monfred schläft widder. Mir sinn im Ohfluch uff Bangkok. Es hätt dort 35 Grad. Moi Schwester fängt sich jetzt schun so longsom oh se freie. Noch zwonzisch Minute bis Bangkok. Uff de rechte Seite det merr de große Buddha vun Bangkok sehe. Mir habbe nadierlich Pech, mir sitze links. Longsom gehe mer enunner. Jetzt sinn mer in de Wolke. Ich konn's gar net glaabe. Es is wie en Traum. Selbst im Ohfluch uff Bangkok is die Wasserspülung in Betrieb. Mir gehe die Ohrn zu. Mir sinn gelandet.

De Fluchplatz vun Bangkok det aussehe wie Airfield Finthen 1960. So seet jedenfalls de Monfred. Aus em Fluchzeich eraus. Es hot soi 35 bis 40 Grad. De Monfred war zeh Minute verschwunde. Wer waas, wo der war. Wie mir de Monfred net gleich gefunne habbe, sinn mir widder uff's Fluchzeuch zu. Zuerst musste mir dorch so e Dier, so en Kontrollrahme. Bei mir hot's gepiepst, gonz laut un ordinär. Wie peinlich. Sofort kam ohner mit em Tennisschlächer ohne Seite, is mir de gonze Kerper ruff un erunner gefahrn un hot donn festgestellt, dass moin Brustbeitel, der vorne so zwaa Druckknepp aus Metall hot, dass der piepse det. Ich musst lache, habb donn uff Englisch gesaat: "Oh my Money piepst," dodruffhie habbe se mich donn weitergehe losse.
Mir sitze widder im Fluchzeich. Es is heiß un mer sinn froh, wonn mer den Fluch hinner uns habbe. Mer misse uns ohschnalle. Ich hab grad de Monfred gefroht, ob mir schun muffele dete, do gehen mir aach schun in die Luft, die letzte zwaa Stund Fluch beginne.
Unner uns alles Eischnee. Merr muss dess selbst erlebe, sunst glaabt merr dess net. Ohfluch Hongkong, unfassbar. Mer sinn gleich do. Da, jetzt, jetzt bassiert's, im Sturzfluch dorch e Supp uff Hongkong. Moin Maache dreht sich. Ich muss gonz entsetzt geguckt habbe, moi Nachbarin muss lache. De Monfred sitzt uff de recht Seit vum Fluchzeich. In Notfälle lässt der mich alloo. Mer sinn dorch die Supp. Haiser dauche uff, es Fluchzeich leht sich in die Kurv. Es konn net gut geh. Erbarme, zwische de Haiser dorch. Un da, oh Wunner, es Fluchzeich setzt zu guter letzt doch uff.
Abber sicher dun die Bremse noch versaache. Ich hab's jo gewusst. Ich hab gar nix gewusst. Ich hab net gewusst, dass es Fliehe so schee soi konn. Abber was is jetzt, die Dier is noch zu, die Trepp is noch net do zum Aussteihe. Longsom mache, jetzt sinn mer soweit kumme, jetzt wern mer doch net obbe aus em Fluchzeich sterze, nur weil die Deppe vergesse habbe, die Trepp ons Fluchzeich se schiebe. Also ohne Trepp steih ich net aus. Die Trepp kimmt, zwar longsom, abber sie kimmt. Achtbasse, sunst falle mer noch die Treppe enunner. Nix bassiert, mer sitze jetzt im Bus un fahrn Richtung Fluchhall. Jetzt noch Passkontrolle, nadierlich habbe mir e Schloftablett als Kontrolleur. Mach doch, drauße waate doch die Marlies un de Ludwich. Er scheint se net se kenne, er beeilt sich net. Endlich dorch, die Koffer misse mer noch hole. Alles ohkumme. Net schlecht, habb ich net gleich gesaat, mit dene kenne merr beruhicht fliehe. Jetzt noch dorch de Zoll. Kooner wird gefilzt, nur mir. Mir habbe abber nur jeder, so habbe mer jedenfalls gesaat, zwaa Flasche Alkohol debei. Mir wern donn uffgeklärt, dass mir nur oh mitbringe derfte, abber da mir es erstemol in Hongkong sinn, lässt er uns gehe. Schnell

enaus, de Ludwich, die Marlies. Mir gehe dorch die Dier. Dausende vun Leit. Habbe die all uff uns gewaat? Kenne die uns? Nadierlich net. Abber unne, do, do seh ich moi Schwester un sie winkt wie verrickt un ich mecht om liebste flenne, abber ich lach bloß, do liehe mer uns aach schun in de Arm un kenne es net fasse, dass mer uns in Hongkong widdersehe dun. De Monfred wird aach gedrickt und gekisst. De Ludwich filmt. Donn kimmt er un mer freie uns riesisch. Nooch so em tolle Fluch kenne nur noch drei tollere Woche folge. Mir fahrn dorch die Millionenstadt, dorch e Lichtermeer un ich denk nur: "Hongkong, mach dich uff was gefasst, die Draaser und die Ober-Olmer sinn do!"

Liebeserklärung

Wonn uff em Draaser Berch ich steh,
nooch Meenz fällt do moin Blick.
Do denk ich, lieber Gott hab Donk,
was hab ich fer e Glick.

Verweile du ich do gonz still,
un Lieb in mir uffsteiht,
doin Ohblick, Meenz, der macht mich froh,
do wird es Herz mer weid.

Ich ruf un wink de Wolke zu:
"Nooch Meenz nemmt mit en Gruß,
der wunderscheene Stadt om Rhoi,
die jeder liebe muss."

Es Herz vun Meenz, dess is de Dom,
steht ewich schun om Rhoi,
vun obbe kimmt die Ludwichstrooß,
dess muss ofach so soi.

De Gutenberch un 's Staatstheater,
de Schiller uff em Schillerplatz,
de Fastnachtsbrunne plätschert do,
er is fer Meenz en Schatz.

Die Gaugass hoch un links enoi,
die Stefanskerch, de Chagall.
So ebbes gibt's nur hier in Meenz,
dess gibt's net ibberall.

Die Altstadt steht gleich hinnerm Dom,
die muss merr ofach sehe,
do trinkt merr 'n Schoppe, odder zwaa,
ihr Leit, is dess so schee.

Un isst merr hier en Hondkäs noch,
so ohner, der gut stinkt,
do konn merr nur genieße noch -
de Alldaach do versinkt.

De Rhoi fließt aach on Meenz vorbei
gonz longsom ohne Eile,
er grießt de Dom, s Rathaus, s Schloss,
det länger gern verweile.

Die Narredei on Fassenacht,
die schreibt in Meenz merr groß,
un leeft de Rosemondaachszuch,
do is in Meenz was los.

So kennt ich schreibe Blätter voll,
geliebtes Meenz, vun dir,
du warst schun immer wundervoll,
moi Herz geheert stets dir.

Moi Heimat abber, dess is Draas,
hier obbe uff em Berch,
un ohns is klar, trotz aller Lieb,
bleib ich e Draaser Lerch.

Urlaub vom Alldaach, Urlaub in Jugoslawien, es Wetter prima, es Wasser sauber, die Stimmung gut, was will der Mensch mehr.
Mir wollte net mehr, mir warn sefriede. Merr geht bade, merr geht spaziern, merr geht esse, merr lernt Leit kenne. Mir aach. Mir habbe aach Leit kennegelernt, nette Leit. So in unserm Alter, hatte zwaa Kinner un warn FKKler. FKKler sinn aach Mensche, habbe mir uns gedenkt und habbe dess akzeptiert. Mir habbe noch nie Kontakt zu FKKler gehabt un so war dess fer uns ebbes Neies. Mir habbe uns kennegelernt beim Esse, un sie habbe uns oigelade, de nächste Obend uff en kloone Umtrunk. Warum net, habbe mir gedenkt, un ich muss gestehe, ich hat aach mittlerweile vergesse, dass dess FKKler sinn.
Om nächste Obend sinn mir zu dene ihrm Wohnwaache weche dem kloone Umtrunk. Es warn nur die Kinner do. Zwaa Mädcher, un die sinn im Evaskostiem erumgelaafe. No ja, Kinner. "Wo sinn donn eier Eltern?", habbe mir die Kinner gefroht. "Die sind beim Einkaufen," kam die Antwort. No ja, habbe mir gedenkt, es wird net long dauern, un uns ins Vorzelt vun dene Leit gesetzt un gewaat. Noch ner Zeit kame se aach. Warn ohgezohe, was fer uns normal war, hatte Woi kaaft un habbe sich gefreit, wie se uns gesehe habbe. Mir habbe uns aach gefreit un nix gedenkt. In trauter Runde habbe mir sesamme gesesse, erzählt un Woi getrunke. Un wie gesaat, nix gedenkt. Uff omol steiht der Monn uff un seet, also es det ihm leid, abber so det er sich net wohlfiehle, er misst sich umziehe. No ja, gut, soll er sich umziehe. Ja, un was donn kam, kam vollkommen unverhofft, fer uns jedenfalls. Er hot unner "umziehe" ebbes gonz onneres verstonne wie mir, umziehe heeßt bei FKKler nämlich net umziehe, sondern ausziehe. Wie mir dess gemerkt habbe, war's schun se spät. Do hot der sich vor unsere Aache puddelarschnackisch ausgezohe. Mir warn in de Fall. Nadierlich wollte mir uns weltgewondt gebbe un habbe so gedoe, als wonn dess bei uns aach on de Daachesordnung wär, habbe weidergeredt, als wonn nix wär. Ohns habbe mir net gemacht, mir habbe uns net ohgeguckt. Weil, hätte mir uns ohgeguck, donn hätte mir gekrische. Ich waas es gonz genau. Ich kenn uns. Während er sich also nackisch gemacht hot, hot sie sich entschuldicht. Sie hätt sich heit middach beim Esse koche die Brust verbrennt un kennt sich net ausziehe. Mir habbe nur gesaat: "Ach, das macht doch nichts." Mehr net, un innerlich hab ich immer nur gedenkt, Gott sei Donk, dass die sich die Brust verbrennt hot, sunst hätt die sich aach noch ausgezohe. Nur nix denke, nur net gucke, wonn ich dess moiner Freundin Inge erzähl, die glaabt mir dess im Lebe net.

Krampfhaft habbe mir uns unnerhalle, un wie gesaat, net geguckt. Bis donn plötzlich so e Heischreck in dem Vorzelt erum geschwirrt is. Sie hot uns all erschreckt un war lästisch, un weil se lästisch war, hot die Fraa, die sich die Brust verbrennt hot un desshalb sich net ausziehe konnt, gesaat: "Sei doch so gut, Eberhard, und schließ die Tür vom Vorzelt." Ich habb nix Gutes geahnt. Die Vorzeltdier is e Dier, die werd mit em Reisverschluss verschlosse. Dess heest, de Reißverschluss beginnt unne om Bodden un merr muss, wonn merr die Dier zuziehe will, sich bicke. Ich hab do net dro gedenkt un hab halt geguckt. Gonz unbewusst, net neigierich, naa, gonz bestimmt net.
Un was ich do gesehe hab, dess hot mer doch die Sproch verschlaache. Eberhard hot sich gebickt und den Reißverschluss nooch obe gezohe und während er sich gebickt hot, habbe sich moi Aache, aach gonz automatisch, gebückt un ich musst, ob ich wollt odder net, in Gefilde gucke, die mer bis dohie fremd warn. Dess heest, net so fremd, abber in dem Fall trotzdem fremdes Territorium warn. Ich hab immer nur gedenkt: Die Glocke von Rom. Dess sinn se, un sie leite, un wonn mer Fantasie hot, konn mer se heern und es Seil, mit dem die geleit worn sinn, war aach se sehe. Ich war einer Ohnmacht nahe. Nur net nooch moim Monn gucke. Nur nix denke un nur mache, dass mir fortkumme, long halt ich dess net mehr aus.
Mir sinn donn aach so schnell wie möglich fort, habbe uns verabschied, fer de Woi bedonkt un versproche, mir kumme widder. Un donn, sobald mir aus dem Zelt raus warn, donn sinn mir gerennt, im Galopp sinn mir gerennt, mindestens en Kilometer weit, enunner ons Meer. Un wie mir om Meer warn, do habbe mir ohgefonge se kreische, se lache, se tobe. Wie mer uns nooch ner halb Stund widder oikrieht hatte, warn mir fix un fertich. Mir habbe die Glocke von Rom gesehe. Un es Glockeseil. Mir konnte es net fasse, dess war uns aach noch net bassiert. Mir hatte e nei Erfahrung gemacht, mir wusste jetzt, was FKKler sinn. Wo mir doch gemeent habbe, mir wisste alles. Mir misse noch viel lerne. Mache mir aach. Abber ohns is gewiss: Wonn uns FKKler widder mol zum kloone Umtrunk oilade, mir bereite uns besser vor, damit uns die Glocke von Rom net widder so furchtbar umwerfe.

Wochemarkt

Wonn Somsdaach is, un ich hab Zeit,
do schnapp ich mer moin Monn,
do fahrn mer uff de Wochemarkt,
dess mache mer schun long.

Un spielt es Wetter aach noch mit,
do wird es Herz uns weit,
do is de Meenzer Wochemarkt,
fer uns e große Freid.

De Dom steht imposant debei,
guckt lachend uff dess Treibe,
un denkt sich, lieber Gott mach bloß,
dass dess dut stets so bleibe.

Hier krieht mer alles, un gonz frisch,
halt je nooch Jahreszeit,
un kimmt's dehaam donn uff de Disch,
de Maache sich donn freit.

Rechts gibt's Gemies un links stehn Blume,
do vorne gibt's Salat
un do, do wo de Brunne steht,
gibt's billische Spinat.

Oh, Hondkäs leiht hier on dem Stond,
er lacht om richtich oh,
un en Geruch, so intressont,
kimmt in die Noos gezoh.

Die Bauersfraue on deStänd,
was kennte die erzähle,
vun gute und vun beese Leit,
vun moncherlei Querele.

Un monch Gesicht is mer vertraut,
ich kenn's vun Kindheit oh,
steht ewich schun bei Worscht un Kraut,
is bei Wind und Wetter do.

E Verdel Fleischworscht, dess is klar,
esse mir om kalte Loch,
dess schmeckt gonz ofach wunderbar
uns widder, Woch fer Woch.

Jetzt gehn mer noch zum Eierstond,
zum Hinkel zieht's uns hie,
dort dun mer unner Garandie
stets frische Eier krieh.

Doch jetzt is Schluss, mer gehen jetzt haam,
die Fieß dun mer so weh.
Die nächst Woch jedoch, dess is klar,
zum Markt mir widder geh.

Ich konn's ofach net losse, ich brauch immer ebbes, wo ich mich demit fertich mache konn un desshalb spiel ich Theater.
Erstens wollt ich mir beweise, dass ich noch in der Laache bin, ebbes auswendich se lerne, ebbes zu behalle, weil ich dodemit im normale Lebe große Schwierichkeite hab. Zweitens: Ich hab zwar gar koo Zeit, abber ich wollt mer beweise, dass merr sich ofach Zeit nemme konn, wonn merr will. Merr konn alles, dess hab ich dodraus gelernt. E gonz Johr long habbe mir mit Unnerbrechungen weche de Ferije sesamme gesesse, geiebt, gelernt, gelacht un gelitte. Gelitte donn, wonn's widder mol gar net klappe wollt, wonn merr dess, was merr hunnert Prozent beherrscht hat, plötzlich gar net mehr beherrscht, gelacht, bei de dollste Versprecher, gelernt, sogar in Hongkong uff moiner Schwester ihrm Boot. Die Familie war jetzt fast Nebesach, merr war nur noch uff Besuch dehaam. Ohsprechbar war merr aach fast net, merr muss jo lerne. Außerdem ging merr de Familie gonz schee uff de Geist, merr wollt immer abgeheert wern. Om Ohfong ging dess noch, abber donn war merr gonz ofach lästich, zumal es doch ziemlich viel zum Abheern war. Wie merr die Schnauze voll hat, wie die Theatergruppe sich bald net mehr sehe konnt, do wollt merr ufftrete. Nur noch ufftrete un endlich alles hinner sich bringe, damit widder mol es normale Lebe beginne konnt, damit der Stress mit de Probe uffheert. Ob's jetzt hunnert Prozent klappt odder net, dess is egal, merr will jetzt uff die Bretter, die die Welt bedeite. Egal was debei rauskimmt. Nur endlich Schluss mit der Proberei. De Termin werd festgeleht, mir sinn gericht. Mir sinn aach gonz kuhl. Es werd schun wern.
Un donn is der Daach do. Heit obend spiele mer. Noch bin ich ruhich. Es is halb acht morjens. Nix bassiert. Ich hab koo Lompefieber. Ich mach dess mit links. Es is halb acht obends, die Sach sieht jetzt onnerst aus. Jetzt hab ich Lompefieber. Es wird ernst. Ich brenne vun unne bis obbe un hab den dringende Wunsch, jetzt un zwar sofort in Urlaub zu fahrn. Ich will do net enaus un außerdem konn ich moin Text net, ich hab alles vergesse. De Onnern geht's net besser. Mir trinke Sekt zur Entspannung un plötzlich sinn mer so entspannt un merke, dass mir jo zuviel Sekt getrunke habbe, mir sinn fast blau. Es Herz kloppt om bis zum Hals. Es geht los. Die Erste misse uff die Biehn. Ich hall die Daume. Ich will net mit ohgucke, wie die ihrn Text net kenne, ich will haam. Ich bleib sitze, leide wie en Hund beim geringste Versprecher un bin total erleichtert, wie die erst Paus kimmt.
Es hot bis jetzt geklappt. On monche Stelle war merr e bissje unsicher, abber die Leit habbe nix gemerkt. Jetzt muss ich enaus. Moin gonze Kerper sträubt

sich, ich denk, was host du dir do nur widder ohgedoe un do, do steh ich aach schun drausse. Die Leit tobe, wie se mich sehe; die Leit tobe meist, wonn se mich sehe, ich waas bis heit noch net warum. Ich denk, ich konn de erste Satz net, Hilfe, mir is gonz ibbel, abber do, do kimmt er gonz vun selbst ibber die Lippe un de nächste aach un so geht's weiter bis zum Schluss. Ich hab's gepackt, mir habbe's gepackt, mir sinn all ibberglicklich. Die Leit freie sich, klatsche uns Applaus un mir stehe do un genieße vun gonzem Herze un wisse, es hot sich gelohnt. Es hot sich gelohnt, die Familie bissje schleife se losse, es hot sich gelohnt, die letzte Woche fast zwaa, dreimol se probe, es hot sich gelohnt se lerne, un es hot sich gelohnt, in de Grupp se spiele, denn mittlerweile habbe mir uns all kenne gelernt un mir kumme gut mitenonner aus. Es is e prima Gefiehl ebbes geleistet zu habbe, was e bissje aus em Rahme fällt. Un Theater spiele fällt aus em Rahme. So jetzt is abber Schluss, jetzt hab ich mir bewiese, dass ich alles konn, wonn ich nur will un jetzt will ich nur noch ohns, in Ruh un Friede un ohne Hektik moi Daache zu verbringe. Ich will mich moiner Familie widme, will obends dehaam sitze bei moim Monn, will net merr lerne, will jetzt widder lebe.
Moiner Familie geh ich uff die Nerve, wonn ich mich dene widme, obends dehaam is jo emol gonz schee, abber jeden Obend, moin Monn braucht aach alsemol Ruh vor mir. Un Lebe in Ruh un Friede is koo Lebe, was mach ich? Ich waas, ich spiel widder Theater, do is wenigstens ebbes los. Do konn ich mir widder beweise, dass ich mitte im Lebe stehe. Hoffentlich rufe die mich oh un frooche, ob ich widder mitspiele du.

November in Meenz

November in Meenz.
Alles grau, alles drieb.
Ibberm Rhoi is es dunstisch,
in de Stadt kaum Betrieb.

De Dom leiht im Nebbel,
merr konn fast nix sehe,
un unne om Marktplatz
die Leit fröstelnd stehe.

Uff em Platz is viel Lebe,
doch onnerst als sunst,
die Stimme gedämpfter,
ibber allem leiht Dunst.

Die Stroße sinn nass,
es haste die Leit,
merr macht, dass merr haam kimmt,
merr hot heit koo Zeit.

Alles find merr so trostlos,
es Lebe so fad;
merr konn heit kaum atme,
um den Daach is es schad.

Do pletzlich - e Lache,
vun irgendwo her,
de Nebbel wird dichter,
es Lache wird mehr.

Do trifft dich en Funke,
’s geht wie Feier dorch‘s Blut,
Mensch, so e kloo Lache,
wie gut dess doch dut.

Es schneit

Wie Puderzucker fällt's vum Himmel,
gonz leise, zart, gonz sacht.
Un monchmol schneit's fast still un heimlich,
so mitte in de Nacht.
Un morjens sieht's aus grad wie im Märche,
so wunderbar de Schnee.
Doch leider dut die gonze Pracht
bei Sunneschoi vergeh'.

Fastnachtszeit

Winterzeit, Fastnachtszeit.
Fastnachtszeit, Narrezeit.
Narrezeit bringt viel Freid.
Viel Helau, Mordsradau.
Narrekapp, Kreppelbabb.
Auf, maskiert, omüsiert!
Do noch Schnee, ach wie schee!
Schad - dut viel zu schnell vergeh.

Es war in de Woch vorm erste Advent. Unser Kloo kimmt in die Kich un seet gonz verzweifelt: "Mama, Mama, ebe hot er widder gesaat, er wollt de Adventskronz selberst binne." Er, dess is ihrn Vadder, der jo moin Monn is, der seit Johrn unsern Adventskronz selbst bind. Dodribber is jo aach nix se saache, onnern wärn froh, wonn se so en Monn odder Vadder hätte, der wo selbst de Adventskronz binne dut. Mir sinn froh, dass mir unsern Vadder habbe, abber mir wärn aach froh, wonn er de Adventskronz omol net binne det, un mir en fix und fertich kaafe kennte. Mir dete ohner kaafe, den mir aach uff de Disch stelle kennte, ohner wo merr sich beim Friehstick dro erfreie kennt, ohner wo kloo wär, net groß, mir sinn jo so bescheiden.
Jedes Johr werd do aach dribber geredt un jedes Johr is es donn so, dass de Vadder, diesmol nadierlich mit dem Vorsatz, de Adventskronz kloo un zierlich se flechte, sich voll Elan ons Werk macht, un wie jedes Johr geht's so aus, dass mir en Adventskronz uff em Disch leihe habbe, so groß wie e Waacherad, un dass mir zum Beispiel beim Friehstick, om erste, zweite, dritte un vierte Advent net wisse, wo mir unser Butter, die Milch, de Schelee usw. hiestelle solle, weil ofach koon Platz uff em Disch is. Also dies Johr war's halt widder soweit. Er wollt also zur Tat schreite. Wie, ibberleh ich kurz, konn ich em beibringe, dass mir net so e groß Waacherad habbe wolle, dass mir so en

kloone, schnuckelische Adventskronz uns winsche dete, ohner halt, bei dem merr om erste Advent aach die Kerze brenne sehe det un zwar in unserer Kich, uff unserm Kichedisch un net ohner, wo merr im Wohnzimmer die Kerze ohstecke muss, die merr donn beim Friehstick gar net sieht.
Schoiheilich geh ich in de Hof zu moim Gatte. "Die Babsi hot gesaat, du wollst widder de Adventskronz selbst binne?" Dess saach ich nadierlich voll Donkbarkeit in de Stimm. Er nickt und seet: "Ja, du, also ich hab geguckt, die koste jo fertich 35 Mark, also dess is mir entschiede zuviel, ich hab mer do Tanne geholt, e halb Stund, donn habbe mir en Adventskronz fer fünf Mark." Ich nick un seh vor moine Aache dess Waacherad vun Adventskronz liehc, sch die viele Tannenodele vor mir, die der verliert, wonn er om trockne is, un ich saach: "Du, Monn, gell, du denkst dro, kloo, gonz kloo, wechem Platz, weche de Gemietlichkeit." "Klar," seet er, "klar, ich waas schun, kloo, wie jedes Johr." Debei grinst er. Ich grins aach, un saach: "Abber bitte, denk dro." "Loss mich nur mache, ich mach's schun richdich, geh noi, sunst erkältste dich noch." Ich dreh mich noch emol rum un saach: "Gell Schatz, kloo." Dess "kloo" saach ich mit zeh O. Er nickt. Ich geh ins Haus un waas genau, mir sinn ohne Chance. Er werd net kloo, dess seh ich schun on soim Gesicht.
Ebe kimmt noch die Groß haam, freeht wo de Baba is, ich saach: "Drauß im Hof, er bind en Adventskronz." Ach du lieber Gott," kimmt's do vun de Sybille, "do muss ich gleich enaus, dass er uns net widder so e Rieseding macht."
Sie geht naus, un ich heer, wie se drauße ihrm Vadder seet, wie groß de Adventskronz soi muss. Sie kimmt widder rinn, is genau so beunruhicht wie ich un seet: "Der werd net kloo, der werd groß, ich waas es gonz genau, er hot widder so geguckt. So groß hat er geguckt." Ich muß grinse un saach nix. Donn geh ich oikaafe. Nooch zwaa Stund kumm ich serick. Die Sybille, unser Groß, empfängt mich, winkt mich gleich ins Wohnzimmer un seet mit ernster Stimme: "Er is fertich, mach dich uff was gefasst." Ich versuch mich zu fasse, atme dief dorch un geh ins Wohnzimmer. Tanneduft im Wohnzimmer, uff em Wohnzimmerdisch en Adventskronz, der fast größer is wie de Wohnzimmerdisch. Vier große Kerze druff, e paar Bänder, so steht er do. Ich denk, "Imposant, dess muss merr'm losse. Schad, uff de Friehsticksdich konn merr den net stelle, un die Kerze so groß, wonn merr die ohstecke, brauche merr koo Heizung."
Die Sybille seet: "Ich hab em extra gesaat, kloo soll ern mache. Extra hab ich em mit de Händ gezeicht, wie groß er'n mache soll, ich saach nix mehr, niemehr. Merr konn em jo saache, was merr will, der waas, glaab ich, gar net,

was kloo heest. Jetzt habbe mer dies Johr widder so e Waacherad." Sie seufzt un geht in ihr Zimmer. Die Dier geht uff, un de Vadder kimmt e rinn. Freude in soim Gesicht. "No, wie is er worn?" frägt er mich. Ich guck en oh un saach: "Ja doch, schee is er worn, schee groß is er worn, mit uff de Friehsticksdisch stelle werd's wohl dies Johr widder nix." "Ach was, Friehsticksdisch, den stecke mer oh, wonn mer obends gonz gemietlich im Wohnzimmer sitze, do hot der viel mehr Wirkung."
So habbe mir's donn aach gemacht. Om erste Advent habbe mir ohne Adventskronz gefriehstickt un wie's ohgefonge hot se dunkele, sinn mir all sesamme ins Wohnzimmer ons Waacherad, habbe e Kerz ohgesteckt, e Weihnachtskassett uffgeleht un habbe all gonz besinnlich sesamme gesesse. Die groß Kerz, die mir ohgesteckt hatte, sie musst jo groß soi, sunst hätt se jo net uff de Kronz gebasst, die hot geflackert in de Dunkelheit, un es war wunderbar. Die Kinner habbe donn gesaat: "Schee is er, unsern Adventskronz, wunderbar is er. Abber, Babba, gell nächst Johr, do machste uns doch en kloone, wo merr aach beim Friehstick uff de Disch stelle konn." De Babba hot genickt un gesaat: "Macht eich net verrickt, nächst Johr mach ich en kloone, ich versprechs." Ich hab en beobacht, un ich kennt schwern, während er dess gesaat hot, do war der schun beim Adventskronz binne fer nächst Johr. Un ich kennt aach schwern, dass der net in Gedonke en kloone gebunne hat, dess hab ich on soine Aache gesehe, die habbe nämlich so geleicht. Der hot unner Garandie e Waacherad gebunne, wo merr kaum dorch die Wohnzimmerdier krieht. Alles in Gedonke un die Hoffnung uff en kloone Adventskronz, die du ich ab jetzt begrabe. Un ich guck widder in des Flakkern vun der Kerz, un wonn ich ehrlich bin, irgendwie gefällt er mir doch, ich det's nadierlich net zugebbe, sunst bind der in Zukunft werklich en große, un donn habbe mir die Bescherung. Wie maach wohl so en große bei moim Monn aussehe, wonn en kloone schun so groß is, dass er net mehr uff de Wohnzimmerdisch passt?

Wünsch,

"Saach, Mudder du, waas winschsten dir
zum scheene Weihnachtsfest?
Ach, Mudder, du, ich lieb dich so,
du bist fer mich die Best.

So saach mer's doch, willste Parfiem,
e Honddasch, Schuh, en Hut?
Ach, Mudder, alles kaaf ich dir,
ich bin derr doch so gut!"

Die Mudder lacht leis vor sich hie,
setzt's Kind fest uff ihrn Schoß,
wiegt zärlich es uff ihre Knie,
"Moi Winsch, die sinn net groß.

Die koste dich koon Penning Geld,
die konn merr nirgends kaafe,
wärn wichtich so fer unser Welt,
's det alles besser laaafe.

Gesundheit und Zufriedenheit,
fer dich, fer mich, fer all,
un uff de Welt soll Friede soi,
un nirgendwo Krawall.

Un die Vernunft soll endlich siege,
die Naddur sollt jeder schitze,
sunst dut uns all de Fortschritt heit
in paar Johr nix mehr nitze.

Aach Hunger sollt niemond mehr leide,
uff unsrer reichen Welt.
Un Habsucht sollt de Mensch vermeide,
sowie die Jacht nooch Geld."

’S Kind, dess heert de Mudder zu,
doch hot‘s net viel verstonne,
es drickt se, gibt ihr schnell en Kuss,
un lääft gleich druff vun danne.

Die Mudder guckt om Fenster naus,
un draus fällt leis de Schnee,
un uff de onner Stroßeseit
sieht sie en Christbaum steh.

Net groß, na kloo, fast unscheinbar,
geschmickt mit viele Kerze,
so steht er in de Dunkelheit
un wärmt der Mensche Herze.

Soi Lichter strahle Hoffnung aus,
selbst in der kalte Nacht,
die Mudder guckt en long sich oh
un Freid in ihr erwacht.

Ihr Winsch konn niemond ihr erfille,
dess is ihr jo gonz klar,
un trotzdem winscht se trotzisch sich
se widder Jahr fer Jahr.

Wenn ich on Weihnachte denk, so wie's fer mich frieher war, do krieh ich so e sehnsichtich, melancholich, trauriches Gefiehl. Ich det gern noch emol on die Dier vun de Vergangenheit kloppe, und wenn die sich öffne det, so sollt's grad widder so soi wie frieher.
Mein Gott, mir hatte net viel. Es gab aach ko große Geschenke. Es war aach domols fer mich net so wichdich, die Hauptsach war, dass es Weihnachte war. Die Freid, die ich domols hat, wonn de Heilichobend vor de Dier stond, die Uffrechung, dess erwartungsvolle Kribbele, un donn den Ohblick vum Weihachtsbaum, de Geruch vun brennende Kerze, vun Tanne un selbstgebackene Plätzjer. Dess alles zusamme, dess hot mich grad in en Rauschzustand versetzt, den ich, seitdem ich erwachse bin, nie mehr erlebt hab. Es war domols net so wie heit, dass mer in de Geschäfte schun Ende September ohgefonge hot, Reklame fer Weihnachte se mache, so dass es ohm heit monchmol direkt ohekelt. Nikeleis im September, dess geheert doch verbote. Die gonz Vorfreid nimmt merr de Kinner dodemit. Lebkuche, Anisplätzjer, Dominostoo. Is donn Weihnachte, hot merr do druff ibberhaupt ko Lust mehr. Bei de Frau Sohn oder bei de Fischer Anna, in dene ihre Lädcher, do wär sowas gar net auszudenke gewese. Gott sei Dank. Es wär fer uns Kinner rein gefiehlsmäßich viel zu viel verlorn gonge.
Weihnachte hot fer mich immer ohgefonge, sobald die Mudder de Adventskronz kaaft hot. Der war aus Tanne gebunne und hot immer rote Schleife und rote Kerze gehabt. Koon Mensch wär uff die Idee kumme, gelbe, weiße odder blaue Kerze odder Schleife dro zu mache. Na, rot uff jeden Fall, so musst er soi. Sunst wär's ofach kooner gewese. Om erste Adventssunndaach wurd die erst Kerz beim Friehstick ohgesteckt. Es war drauße noch duster, und de Schoi vun der Kerz hot de Kaffeedisch in ebbes Besonderes verwondelt. Ich hab immer zwischedorch beim Esse uff die flackernd Kerz geguckt. Es war on dem Morje aach friedlicher om Kaffeedisch als sunst. Moi Mudder, moin Vadder, moi Schwester un ich, mer ginge all irgendwie behutsamer mitenonner um.
In de Schul hatte mir aach en Adventskronz stehe. Jeden Morje wurde do die Kerze ohgemacht. Wer e Gedicht saache konnt, der sollt sich melde und durft dess donn vor de gonz Klass uffsaache. Als Belohnung braucht merr on dem Daach ko Uffgabe zu mache. Dess ging so bis zum letzte Schuldaach, em 23. Dezember. Es war schun schee. Uff em Plätzje unne wurd donn en Tannebaum uffgestellt. Der war de zweite greifbare Vorbote uff Weihnachte. Es war jetzt bald gonz nah. Donn Nikelos. De Rudi, als Nikelos verkleidet,

is dorch die Draaser Stroße gezohe. Nebe ihm ging de Knecht Rupprecht. Obwohl mir Kinner uns vor dene gefercht habbe, sinn mir hinner ne nochgelaafe un sogar, de Rudi soll's uns verzeihe, sogar mit Stoo habbe mer nooch ene geworfe. Ich glaab, es war e bissje Verzweiflung debei. Denn mir, die mir hinnerm Rudi her sinn, mir warn all Kinner, bei die er net kam. Mir habbe so gedoe, als ob uns dess nix ausmache det, abber heimlich habbe mir doch Träne vergosse. Was hätt ich en Spass gehabt, wenn de Rudi omol im Lebe zu uns kumme wär un hätt mer de Nikelos gemacht. Aber es hot halt net solle soi un so war ich froh, dass ich en wenigstens leibhaftich on dem Daach sehe konnt.
Wonn moi Mudder mied geschafft obends vun Gunsenum haam kam, do hot die donn in aller Eile unser Nikelosdeller zurecht gemacht un uns ins Wohnzimmer gestellt. De Nikelos hätt's abgebbe, er hätt koo Zeit zum Waate, er misst noch so viel Kinner heit besuche, hot moi Mudder uns donn erzählt. Mir habbes gern geglaabt un warn em Nikelos so donkbar fer unser Deller. Äppel, Appelsine, Plätzjer, Niss, en Nikelos aus Schokolad, dess war alles dodruff. Schokolad gab's net oft bei uns. Wenn ich donn hat, do hab ich immer e Stickche abgebroche, in de Mund geschobe, mit de Zung on de Gaume gedrickt un gonz longsom verlaafe losse. Dess war en Genuss, den mer zwar selten hat, der abber dodefer gonz intensiv war. Heit kriehe die Kinner zu jeder Zeit Schokolad un es is nix Besonderes mehr fer se.
Korz noch em erste Advent hot moi Mudder ohgefonge, Plätzjer se backe. Es gab domols bei uns net viel Sorte, Buttergebackenes, Spritzgebackenes, omol mit Schokoladeguss, omol ohne. Es gonze Haisje hot geduftet, un ich konnt's gar net abwaate, bis es erste Blech aus em Backofe kam. Die Mudder musst die Plätzjer nooch em Backe gleich versteckele. De Vadder hot nämlich so gern genascht un immer heimlich mit soine große Händ in die Plätzjerdoos gegriffe. Un was er zu fasse krieht hot, dess hot der gefasst. Und dess war net wenich bei so große Händ. Abber die Mudder konnt se grad versteckele, wo se wollt, er hot se doch immer gefunne. De Piffke Kniddelbriem, dess war unsern Hund, wenn de Vadder zu dem gesaat hot, Piffke, such de Mudder ihr Plätzjer, do wusst de Piff genau, was er jetzt mache sollt. Er is gonz unruhich worn un hot ohgefonge se suche, so long halt, bis er se hat. Meist hat die Mudder se unne in de Nähmaschin versteckelt. Die Nähmaschin war domols noch in so em Schrank und der Platz war als Plätzjeversteck gut geeichnet. Wenn de Piffke gonz uffgerecht vor de Nähmaschin erum is, musst die Mudder doch lache un hot meist freiwillich e paar, abber nur e paar, rausgerickt.
Hot's vor Weihnachte aach noch geschneit und war's schee kalt, donn war's

in Draas so richtich schee. Do kam om alles wie im Märche vor. Ich waas noch omol, do hot die Feierwehrkapell uff em Kercheplätzje om Heilichobend neberm Tannebaum Weihnachtslieder gespielt un die Schneeflocke sinn debei gonz zart und leise vum Himmel gefalle. Ich hab dess nie vergesse.
Om Heilichobend, do wurde mir middaachs gebad. Donn sinn mir nuff in unser Stibbche und habbe uns die Zeit bis zu de Bescherung mit Spiele verdribbe. Die Mudder hot unne im Wohnzimmer de Christbaum geschmickt. Es Wohnzimmer, dess wurd nur on besondere Feierdaache uffgeschlosse und benutzt. Deshalb war des allo schun ebbes Besonderes on Heilichobend. Merr hot schun beizeit es Feier drinn ohgemacht, damit alles obends gut durchheizt war. Wonn's ohgefonge hot se dunkele, hot merr unne om Haus geheert, wie de Vadder haam kam: Es Fahrrad hot er immer mit Schwung on die Hauswond gestellt, und wenn er abgestiehe ist, hot er immer so gehust.
Komisch, dass Männer on Weihnachte immer krebisch sinn. Er hot meistens vor de Bescherung noch schnell in de Krimmele gesucht und noch mit uns zu schenne ohgefonge, damit soi Gefiehle net so weihnachtlich warn, so sentimental. Er hat dodevun zuviel, aber er wollt se net zeiche, deshalb war em immer irgend ebbes net recht. Donn war's soweit, mir habbe es Glöckche bimmele geheert. Zuerst warn mir wie erstarrt, sinn donn abber voll Freid und voll Erwartung ins Wohnzimmer noi.
Als erstes sahe mir donn de Baum. Unsern Baum, do hot er gestonne und soi Kerze habbe gestrahlt und soin Oblick hot uns e bissje atemlos gemacht. Donn habbe mir Weihnachtslieder gesunge und mit om Aache immer schun unner de Baum geguckt nooch de Geschenke. Wie gesaat, es warn net viel, mol e paar Unnerhose, en Pullover, Hondschuh, alles praktische Sache, meist selbst gemacht. Aber on ohns hot die Mudder immer gedenkt. Sie hot immer dro gedenkt, dass se Mädcher hat, die gern gespielt habbe. Un so hot aach immer ebbes zum Spiele unnerm Baum gelehe. Kloone Böbbcher in em kloone Bobbewaache droi, odder e Böbbche in ner winzich Badewonn drinn zum Bade. Was mir so glicklich do dribber warn, dess kann ich gar net saache.
Die Eltviller Oma hat meisst e Paket geschickt un dess lag aach noch unnerm Baum. Omol, dess hab ich nie vergesse, do hat die Oma uns jedem zwaa selbstgenähte Schloofoziech geschickt, inne gonz mollich. Wie die uns net mehr gebasst habbe, do hot se die Mudder uff de Speicher gedoe, un wie moi Mädcher donn in dem Alter warn, wo se ihne hätte basse kenne, do hot se se rausgeholt un de Kinner gebbe. Die Begeisterung fand koo End. Sie warn de Mädcher ihr Lieblingsschloofoziech. Hätt die Oma Käthche dess gewusst,

hätt die sich bestimmt riesich dribber gefreit. So, die Bescherung hatte mir also hinner uns. De Vadder is jetzt widder ungemietlich worn, er hätt jetzt gern es Licht widder ohgehabt, er wollt jetzt rätsele und außerdem hätt er Hunger. Net dass er uns Weihnachte net gegennt hätt, abber er hot halt mit soine Weihnachtsgefiehle nix ohfonge kenne. Er war, glaab ich, arich sentimental un hot halt lieber geschennt als geflennt. Also gut, es Licht wurd widder ohgemacht. De schönste Teil vum Heilichbend war vorbei.

Zum Esse gab's bei uns on Weihnacht immer Schnorressalat, Kartoffelsalat mit rote Bete und Matjes-Hering, e paar Äppel kloo geschnitte, Rindfleisch war aach debei. Den Name Schnorressalat hot der emol krieht, als die Katz in em unbewachte Aacheblick sich ibber den hergemacht hot. Geschmeckt hot der gonz toll. Heit noch esse mir den all gern. Nooch em Esse habbe mir widder gespielt un die Geschenke noch emol kontrolliert, damit jo aach kooner mehr krieht hot wie de onner. Die Mudder hot gemietlich im Sessel gesesse und gelese und de Vadder hot als noch gerätselt. Um 10 Uhr hot de Vadder gesaat: "So jetzt is Schluss, morje is aach noch Weihnachte." Maulend sinn mir ins Bett. Und im Bett, do habbe mir gelehe und long sinn mir net oigeschlofe, weil mir vun der Bescherung noch viel zu uffgereecht warn. Noch so im Oischloofe hab ich donn dro gedenkt, dass ich morje alle moine Tonte un Kuseng moi Geschenke zeiche misst, abber erst morje. Heit war ich jo so glicklich un so mied.

Kindheitserinnerunge, Weihnachtserinnerunge, immer fällt mir nebe Tannebaum, Geschenke, gutem Esse un Christmett en kloone, nickende Necherbub aus Gips oi.
Wenn zwaa Daach vor Heilichobend die Kripp in de Kerch uffgebaut war, donn saß er vorne im Schneidersitz om Rond vun de Kripp un hot uns Kinner mit soine große Aache starr un reglos ohgeguckt. Soi Haut war diefschwarz, schwarze Gipslocke uff soim Kopp, die Aache warn groß und weiß, soi Lippe dick un wulstich. In soine Händ hot er e kloo Schälche gehalde un in dem Schälche war en Schlitz. Ohgezo war er mit em korze bunte Hemdche, un ner korz Hos. Soi Fieß warn nackisch. Grad so wie die Heidekinner in Afrika, fer die aach es Geld, dess merr in dess Schälche geworfe hot, bestimmt war. Er war e Spardos.
Abber was for oh, e gonz besonders. Hot merr do nämlich e Geldstick enoigeworfe, do fing er o zu nicke. Soi Nicke war begleitet vun so em knarrende Geräusch un hot uns Kinner jedes Johr vun neiem fasziniert. Un immer, wenn ich e Geldstick oigeworfe hat, un er so vor sich hie genickt hot, do hab ich domols gemeent, es käm Lebe in die klo Figur. Soi Aache, habbe die net donkbar mich ohgeguckt? Is do net ebe e kloo Lächele ibber soi Gesicht gehuscht? Hot sich dess knarrende Geräusch, dess merr immer geheert hot, wenn er genickt hot, net ohgeheert wie danke, danke, danke? Hot er net ebe nur fer mich allo genickt?
Domols hat er nur fer mich genickt. Ich wusst es gonz genau. Ich konnt soi Donkbarkeit fast kerperlich spiern un es hot mich sehr glicklich gemacht. Donkbarkeit, e Wort fer dess es heit wenich Verwendung gibt. Donkbarkeit fer Gesundheit, fer Familie, fer Freunde, fer Besitz. Wer hot grad in de Weihnachtszeit fer Donkbarkeit Zeit? In der besinnliche Zeit geht der Gedonke dodro in de Hektik vun de Weihnachtsvorbereitunge unner. Ich will mich do net ausschließe. Abber is es net dumm vun uns all, uns so uff es scheenste Fest vum Jahr, uff Heilichobend, vorsebereite? Sollt net grad in der Zeit die Besinnlichkeit Vorrong habbe?
Es geht uns gut. Geht es uns net zu gut? Mir fille unser Haiser mit Luxus un unser Herze wern debei immer leerer. Zwischenmenschliche Beziehunge, Sorje um onnern und Freid on Kloonichkeite sinn Dinge, die mir uns unbedingt erhalle misse. Wenn net, werd's um uns erum immer einsamer. Was nitzt uns donn de gonze Luxus, wenn uns die Freundlichkeit vun unsere Mitmensche fehlt, wenn mir selbst net mehr freundlich soi kenne? E freundlich Wort, e mitfiehlend Geste erwärmt stets unser Herz.

Domols als ich noch e Kind war, gab's net viel Geschenke fer uns. Es Geld war knapp. Die Geschenke wurde meist selbst gebastelt, genäht oder gestrickt. Sie warn immer nitzlich und wurde gebraucht. Mir habbe uns domols riesich ibber jede Kloonichkeit gefreit un wusste noch vun gonzem Herze se donke. Un die Freid un dess Donke hot uns mit ner Wärm umhillt, die ich nie mehr erlebt hab, seit ich erwachse bin. Ich winsch mir fer moi Kinner, dass die dess Gefiehl, die Freid, die Donkbarkeit un Ehrfurcht aach emol erlebe dete. Sie sollte lerne, sich aach ibber kloone Geschenke se freie, grad so wie der kloone nickende Necherbub aus Gips, der sich selbst fer en Penning mit blitzende Aache, em Lächele un soim Nicke donkbar gezeicht hot.

Brief einer Mudder ans Christkind

Lieb‘ Christkind,
es werd widder Weihnachte. Un wonn de denkst, dess macht mich froh, also do konn ich derr versichern, dass dem net so is. Dess bissje Weihnachtsgefiehl, dess noch in mir is, lieht unnerm Berch von Stress, Gedonke, Sorje un Ärjer begrabe. Un gonz ehrlich, ich waas monchmol net, wie ich des Gerümpel, dess uff moim Weihnachtsgefiehl leiht, eweg hiefe soll. Waaste, was ich mer mol wünsche det: e Weihnachte nur dir zur Ehr. E Weihnachte, wo die Mensche sich ofach nur freie dete, dass du zu unserer Rettung uff die Welt kumme bist. E Weihnachte, hauptsächlich ohne Geschenke. Jawohl, ohne Geschenke. Denn die Geschenke, lieb Christkind, dess konnste mir aach glaabe, die mache heit große Probleme. Was soll merr heit noch schenke? Gonz selten konn merr ohm noch e Ibberraschung mache, weil halt jeder schun alles hot. Un nur e Geschenk se kaafe, nur weil halt Weihnachte is, dess macht mer koon Spass.
Moi Kinner froe mich aach on Weihnachte, was ich mer winsche det. Soll ich derr was saache. Ich will nix. Ja, nix! Ich hab alles. Un wonn‘s noch mehr wird, ei do waas ich net mehr, wo ich den gonze Kram hie- oder unnerstelle soll. Also saach ich: "Mir braucht ihr nix se schenke, spart eier Geld. Seit nur ibber die Feierdaache recht friedlich, damit mer e harmonisch Weihnachtsfest habbe." Abber dess gefällt dene net. Dess is doch ko Weihnachtsgeschenk. Also ehrlich, mir det‘s werklich longe. Ich bräucht net mehr. Naa, e Geschenk muss was koste. Punktum. Un so krieh ich aach was kaaft. Wonn ich‘s krieh, do frei ich mich aach, abber wonn ich on den Zirkus denke, der om Bescherdaach allo während em Baumschmicke jedesmol ist, also do wär mer en friedvolle harmonische Daach doch viel lieber. So e klo Engelsche konn die gonze Feierdaache entscheide. Der ohne seet: "Dess Engelche muss mehr rechts," der onner seet: "na mehr links," un de Vadder seet: "naa, dess gefällt mer net, dess hänge mer net uff." Un baufdich, die Aggressione, die merr wechem Heilichobend bereit war, in Schach se halle, die explodiern vun ohner Sekund zur onner un de Weihnachtsfriede is dahin. Es gibt sich widder, spätestens, wonn es Bescherglöckelche bimmelt. Do wern die Gemieder widder ruhich.
Ich waas, dess is ibberall so. Abber es hot halt mit moine Weihnachtsvorstellunge so gar nix se due. Un deshalb det mir en harmonische friedvolle Daach als Weihnachtsgeschenk dicke longe.
Un donn der gonze Stress in de Vorweihnachtszeit. Also glaab mer's, merr meent, die Leit wärn all verrickt. Ibberall Betrieb, ibberall Hektik, net nur in

de Stadt, naa, aach in om selbst. Schafft merr aach alles unner ohn Hut se kriehe bis zum Fest? Was koche mer nur widder on Heilichobend? Mir det Kartoffelsalat un Werschter longe om Bescherobend. Abber wonn ich dess saache det, vun weche Kartoffelsalat, also glaab mer's, do wär was los. E gut Menü muss uff de Disch. Es is jo Weihnachte. Dass merr donn vor lauter Koche om Heiliche Obend noch mehr in Stress kimmt, dess interessiert kooner.

Dass du, der du in em Stall geborn worn bist, eichentlich e gonz arm Kind gewese bist, dess hot merr heit aach gonz vergesse. Un mir fällt's halt schwer, zwische Weihnachte un doiner Geburt im Stall e Parallele zu ziehe. Waaste, was mich ohn Weihnachte, odder vielmehr in de Vorweihnachtszeit om meiste fasziniert? Ob de's glaabst odder net, dess sinn die Kerze uff em Adventskronz. Wonn die brenne, donn mach ich's Licht aus, setz mich gonz ruhich hie un guck in die flackernde Flomme. Tanneduft steiht mer in die Nos un ich wer froh. Do krieh ich Hoffnung. Hoffnung uff e besser Welt, Hoffnung dohiegehend, dass die Mensche endlich vernünftich wern, umweltbewusster lebe, mehr Nächstenliebe zeiche. Mehr Donkbarkeit. Donkbarkeit dodefer, dass es uns so gut geht. Fast zu gut geht, un dass merr in unserm Gutgehe die Mensche net vergesse, dene es, egal aus welche Gründe, net so gut geht wie uns. Hoffnung uff mehr Verständnis fer enonner. Dess det ich mer aach winsche. Ich waas, es is net leicht, fer mich aach net. Abber es wär en Wunsch vun mir.

Un wonn ich derr schun emol schreibe, do konn ich derr jo aach grad emol donke. Donke fer moi Kinner, fer moi Familie, fer moi Freunde, dodefer, dass ich gesund bin un Abeit hab un dass ich hier in Draas lebe derf. Dass ich hier in einer Gemeinschaft existiern derf, die mer sehr wichtich is. Die mer Halt gibt, die Alt un Jung zusommewachse lässt, aach wonn's hier un do emol e paar Querele gibt. Ich find dess alles trotzdem wunderbar und fer dess alles vielen Donk. So jetzt wär ich om End. Es wichtichste wär gewinscht und wonn nur en Bruchteil vun moine Wünsche in Erfüllung gehe det, donn wär ich sehr glicklich.

Also donn, Christkind, nochmals vielen Donk un recht frohe und friedliche Weihnachte fer Dich.

Weihnachte im November, dess gibt's doch gar net. Doch, dess gibt's, ich hab's selbst erlebt. E Weihnachte ohne Glockegeleit, ohne Kerzelicht, ohne Geschenke un trotzdem es scheenste Weihnachte, was ich je erlebt hab.
Verfrorn, ibbernächticht un verlorn habbe se in Meenz on de Bushaltestellte gestonne. Sächsisch habbe se gesproche un dess hot mich uffhorsche losse. Gute Morje, kummt ihr vun Drüben? E Nicke mim Kopp, donn sinn Träne gelaafe. Unfassbar, dass mir jetzt hier stehn. Zeh Stunde warn se unnerwegs. Sie misse fix un fertich gewese soi, abber die nei Freiheit hot Erschöpfung net zugelosse. Sie wollte als erstes ihr Begriessungsgeld abhole, un da mir sowieso nix vorhatte, habbe mir die Andrea un die Elke einfach zum Rathaus begleit. Was e bissje Freundlichkeit un Hilfsbereitschaft alles on Gefiehle bringe konn, dess is kaum se glaabe.
Im Rathaus habbe hunnert Mark de Besitzer gewechselt, donn sinn mer zum Markt. In de Gesichter vun dene Mädcher Fassungslosichkeit, Unglaube ibber so e Ohgebot. Es war kalt, wie mer ibber de Markt sinn, abber die Mädcher habbe net gefrorn. Wenn merr so glicklich is, dut merr net friern. Habt ihr vielleicht en besondere Wunsch? Hamburger esse, Cola trinke. Im MacDonald wollte se die Colabecher mitnehme. "Fer was braucht ihr donn die Becher?" hab ich ungläubisch gefroht. Zum Trinke habbe se gesaat. Zum Trinke? Un donn hat ich's begriffe. Sie hatte so was noch gar net gesehe. So en ofache Plastikbecher, nooch dem bei uns nooch Gebrauch koon Hahn mehr kräht, der war fer die Mädcher ebbes Besonderes. Mir kam irgendwie Entsetze hoch.
Un longsom is mir gedämmert, dass es dribbe in de DDR noch viel schlimmer is, wie ich mir jemols vorstelle konnt. Mir habbe die Träne in de Aache gestonne, so fassungslos war ich. Om Nebedisch e alt Fraa, die hat moi Fassungslosischkeit mitkrieht. Sie hot mich ohgeguckt un gesaat: "Gell, mir sinn verwehnt." Mein Gott, irgendwie kam eine ohnmächtiche Wut in mir hoch. Was merr mit dene Leit in de DDR gemacht hot, dess is net zu fasse. Donn sinn mer zum Oikaafe. Sie warn fast schwindelich vor Glick ibber die viele Ohgebote, die sie hier se sehe bekame.
Für uns war klar, dass mir heit Nacht die zwaa beherberge musste. Träne sinn gelaafe, sie wollte es gar net glaabe. Mir warn beschämt. Un was donn on dem Daach noch alles bassiert ist, des hätt ich alles net fer mechlich gehalle. Um uns erum is e Welle vun Hilfsbereitschaft ins Rolle kumme, die mich bald umgeworfe hot. Die Oma is ham, hot zwaa Pfund Kaffee geholt un jedem Mädche fünfunsibbsich Mark geschenkt. Die Tonte un de Unkel

habbe sofort gute Woi geholt, moim Kuseng soi Fraa hot e fast nei Lederjack spendiert.
So en Spass zu sehe, wie Mensche plötzlich widder menschlich wern, dess war fer mich e groß Ereignis. Viel habbe uns die Andrea un die Elke erzählt. Viel Unbegreifliches. Vun ihrer oigeengte persönliche Freiheit, devun, dass die Mensche in de DDR all e bissje em Wahnsinn nahe warn. Jeder hot versucht, soviel wie mechlich fer sich zu ergaddern. Zwischenmenschliche Beziehunge sinn dodebei total uff de Streck geblibbe. Mir habbe draus gelernt. Was geht's uns so gut!
Dene Mädcher wollte mir begreiflich mache, dass mir nur Normalverdiener sinn. Sie habbe es net geglaabt. Ich konnt's aach gut verstehe. Fahrt net voll Neid serick in die DDR. Mer kenne jo nix defer, dass es uns besser geht wie eich. Abber irgendwie kame mir moi Worte bissje schal vor. Jedenfalls hatte mir uns all on dem Daach prima gefiehlt. Die Oma war glicklich, dass die Freid ibber Geld so groß war, die Tonte un de Unkel, moin Kuseng, soi Fraa, mir, unser Kinner. Es war werklich wie Weihnachte. Sunndaachs morjens ging's nooch Wiesbade. Dort hot ihne e alt Oma zwonsisch Mark in die Hond gedrickt, geflennt und gesaat, wie leid ihr dess det, was alles in de DDR bassiert wär. Sie warn fassungslos, ibberwäldischt, sie warn wie im Paradies. Wie se kame, hatte se o Reisedasch, wie se ginge, hatte se zwaa große Koffer, zwaa Reisedasche un Dudde. Ich waas net, wer vun uns glicklicher war, die, die mir so beschenke durfte, oder mir, die mir geschenkt habbe. Mir, die mir erfahrn durfte, was es heest, noch richtich Freid un Donkbarkeit fer kloone Sache zu bekumme.
Alles in allem, es war fer uns e toll Erlebnis, e Erlebnis aus em Moment geborn, wo Mensche menschlich hondele. Unser Worte beim Abschied, grißt uns die DDR un kummt bald widder, ihr seid uns herzlich willkumme, die Worte kame jedenfalls bei uns all vun gonzem Herze.

Hier is es letzte Blatt beschribbe

Hier is es letzte Blatt beschribbe.
Ich dank, dass Ihr bis hier verblibbe.
Ich hoff, es hot Eich gut gefalle,
wonn net, dut's ruhich fer Eich behalle.

Ich schrieb hier ibber viele Leit,
und ich gesteh's, es macht mir Freid.
Doch sollt ich jemond zu nah kumme soi,
donn du ich dess vun Herze bereu.

Es war koo Absicht, gonz gewiss,
ich schrieb nur, wie die Wahrheit is.
Die Wahrheit jedoch, dess waas jeder,
fließt jedem onnerst aus de Feder.

WEITERE BÜCHER VON HILDEGARD BACHMANN IM LEINPFAD VERLAG:

E gonz ofach Geschicht
Weihnachtliches uff Rhoihessisch
72 S., € 9,80, ISBN 3-9808383-3-1

Quellkartoffele un Hering.
Meenzer Brunnen-Gedichte in rhoihessischer Mundart
72 S., € 7,50, ISBN 3-9808383-6-6

WEITERE MAINZ- UND RHEINHESSEN-BÜCHER IM LEINPFAD VERLAG:

Mainz. Neue Fotos von einer alten Stadt
Der Mainzer Fotograf Sascha Kopp zeigt die schönsten Seiten von Mainz!
Mit einer Einführung von Michael Bonewitz und dreisprachigen Bildunterschriften
144 S., € 29,50, 142 Farbfotos, Großformat, Hardcover
ISBN 3-9807711-2-1

Lust auf Rheinhessen.
Die 100 besten Rezepte von rheinhessischen Weingütern
144 S., € 12,90, ISBN 3-9807711-9-9

Kalle im Wingert.
Von Ausbrechern, einem Lesekönig und verschwundenen Rebläusen
Ein Bilderbuch erzählt von der Arbeit des Winzers damals und heute.
Mit Texten von Antje Fries und Maike Müller und Illustrationen von Carolin Klein
32 S., € 11,50, ISBN 3-9808383-1-5

Siefersheimer Kräuterhexen: ***Rheinhessisches Wildkräuterbuch***
„Ein guter Ratgeber für alle Wildkräuterfans, auch über Rheinhessen hinaus" (Brigitte)
120 S., € 12,90, ISBN 3-9807711-4-8